シンプルチャイニーズ

北　京

文法篇

Simple Chinese

早稲田大学理工学術院中国語部会

渋谷　裕子
陳　　愛玲
呂　　小燕

朝日出版社

【デジタルテキストの閲覧について】
- デジタルテキストの閲覧には、個別のアカウントが必要となります。
  アカウント発行申請・シリアル番号は、教科書の巻末に貼付した紙に記載してあります。
- シリアル番号は、1冊ずつに割り当てられた固有の番号ですので、紛失した場合再発行できません。

音声ダウンロード

 音声再生アプリ「リスニング・トレーナー」（無料）

朝日出版社開発のアプリ、「リスニング・トレーナー（リストレ）」を使えば、教科書の音声をスマホ、タブレットに簡単にダウンロードできます。どうぞご活用ください。

まずは「リストレ」アプリをダウンロード

▶ App Store はこちら　　▶ Google Play はこちら

アプリ【リスニング・トレーナー】の使い方
❶ アプリを開き、「コンテンツを追加」をタップ
❷ QRコードをカメラで読み込む

❸ QRコードが読み取れない場合は、画面上部に 45307 を入力し「Done」をタップします

QRコードは㈱デンソーウェーブの登録商標です

Webストリーミング音声

http://text.asahipress.com/free/ch/spr-b

◆ 本テキストの音声は、上記のアプリ、ストリーミングでのご提供となります。
　本テキストにCD・MP3は付きません。

はじめに

このテキストは中国語を初めて学ぶ学生のために作られた入門教科書です。

本テキストには次の特徴があります。

1. 週一コマ、一年間で初級文法を理解し初歩的なコミュニケーション能力が身につけられるような、無駄のないシンプルな構成を心がけました。全てにおいて簡潔で日常生活で良く使われる言い回しを選んでいます。
2. 『シンプルチャイニーズ　東京・会話篇』と統一された方針で編集しています。週2コマの授業の場合、1コマは本テキストで文法を修得し、1コマは『東京・会話篇』で実践的な会話訓練を行うことで、総合的な語学力を身につけることが出来ます。
3. 前、後期の最後の授業に文法の総復習ができる復習課を設けました。中国語検定試験4級と同じ問題形式にしてありますので、中国語の基礎力を固めながら中国語検定4級合格へと導く実力を養成することが出来ます。

テキストの構成は以下の通りです。

1. **発音**（4回）　練習を通じて発音の基礎を一通り学びながら、本編で用いる単語や簡単な挨拶言葉が正確に発音できる練習をします。中国や北京に関する基本情報をクイズ形式で学ぶ「ちょっと調べてみよう（3回）」のコーナーも設けました。

2. **本篇**（前期：1〜7課、総復習Ⅰ　　後期：8〜16課、総復習Ⅱ）
   - **まず覚えよう**　テーマ別にまとめた日常生活の基本語をまず覚えます。
   - **一言コーナー**　文法の要点を示す暗誦例文を冒頭に配します。
   - **ポイント**　中国語検定4級合格に必要な初級文法項目を56にしぼり説明しています。それぞれに説明と例文、練習問題をつけてあります。例文、練習問題に「まず覚えよう」で習った単語が用いられているので、日常生活の基本表現を自然に覚えることができます。
   - **本文**　北京の大学を舞台にしています。北京の大学で中国語を学んでいる日本人留学生とアメリカ人留学生、中国人学生の日常生活が描かれています。
   - **トレーニング**　豊富な練習問題を通して、ポイントと本文に出ている文法内容と重要表現を定着させ、表現する力を身につけます。各課に日文中訳とヒアリング問題があります。
   - **北京通信**　日々変化する北京の日常生活に関する生の情報をお伝えします。

3. **単語帳**（別冊）　各課の新出簡体字の練習コーナー、新出単語の品詞、意味を掲載しています。

これから一年間、このテキストを使ってどうやったら基本的な日常会話を話せるようになるでしょうか？

　一番大切なのは音声を聞きながら発音することです。本テキストは、下記のHPでストリーミングサーバーにコンテンツをアップしていますので、忙しい学生生活のすきま時間をうまく利用して、スマートフォン等を通じて暗誦出来るまで繰り返し練習してください。（WEB音声のURLとQRコードを扉裏ページに記載しました。）

　次に大事なのは、本テキストの全ての文法項目を理解した上で、覚えた単語を使って自分達の日常生活を中国語で言ってみることです。そのために、中国語クラスの友達やキャンパス等で知り合った中国人の友達と積極的に中国語で話してみてください。

　中国語学習を自分のスキルアップ・キャリアアップにつなげたいと考えている方は、本テキストの練習問題を繰り返し解いて基礎を固めてから、中国語検定試験の4級に挑戦してみるのも良いでしょう。

　最後に大切なことをもう一つ。「中国語が出来るようになりたい。」という意欲を持ち続ける方法を工夫してみて下さい。一番良いのは、テキストの登場人物の石井さんやマイクさんのように実際に中国を訪れてみることです。単に有名な観光スポットを見るだけでなく、さらに一歩踏み込んで現地の中国人に積極的に話しかけて見ましょう。学んだ中国語が実際に通じた喜びが、「もっと上手に話してみたい」という意欲につながるはずです。皆さんが中国語学習を媒介として、実りある異文化交流と生涯の財産となるようなネットワーク作りを行うことを期待しています。

　本テキストの作成に当たり、多くの方にご協力いただきました。

　テキストの内容全般に関して、李洵、田中理恵の両先生に貴重なご助言をいただきました。

　李筱婷、唐暁詩さんには文章の校正及びピンイン入力をお手伝いいただきました。

　阿部亘先生には北京の最新情報を伝えるエッセイ『北京通信』を書いていただきました。

　心より御礼申し上げます。

2017年12月

早稲田大学理工学術院中国語部会

（永冨 青地、渋谷 裕子、熊 遠報）

渋谷 裕子

陳　愛玲

呂　小燕

登場人物のプロフィール

石井 萌 Shíjǐng Méng

北京の大学で中国語を学ぶ日本人留学生。
趣味はジョギング。
『シンプルチャイニーズ 東京・会話篇』の登場人物の石井道子さんの姉。

マイク Màikè

北京の大学で中国語を学ぶアメリカ人留学生。
趣味はジョギングと日本のアニメ鑑賞。

李 明 Lǐ Míng

北京の大学で日本語を学ぶ大学生。
妹（李麗）が東京の大学に留学中。

目　次

発音1	**1** 発音学習の前に　**2** 声調　**3** 単母音　**4** 複母音	10
発音2	**1** 子音　**2** 無気音と有気音　**3** そり舌音　**4** 三つの i	16
発音3	**1** 鼻音をともなう母音　**2** e の発音　**3** 数字の発音を覚えよう	22
発音4	**1** 軽声　**2** 声調の変化(1)　**3** 声調の組み合わせ	28
	4 声調の変化(2)　**5** 声調の変化(3)　**6** r 化	

第 1 课

我是日本人。 ———————————————— 34

1 人称代名詞　　**2** 判断を表す"是"　　**3** 名前の尋ね方と答え方

第 2 课

你学什么？ ———————————————— 40

1 動詞述語文　　**2** 疑問詞疑問文"什么""哪儿""谁"　　**3** 副詞"也"
4 省略疑問文の"呢"

第 3 课

这是什么？ ———————————————— 46

1 指示詞(1)　　**2** 助詞"～的"　　**3** 副詞"都"　　**4** 文末の語気助詞"吧"

第 4 课

我有妹妹。 ———————————————— 52

1 数字の言い方(1)(0～99の数字)　　**2** 所有を表す"有"
3 形容詞述語文　　**4** 年齢の言い方・尋ね方

第 5 课

多少钱？ ———————————————— 58

1 量詞・ものの数え方　　**2** "几"と"多少"　　**3** 比較の表現"比"　　**4** 値段の尋ね方
★数字の言い方(2)(100以上の数字)

第 6 课

我请客。 ———————————————— 64

1 年月日・曜日の言い方　　**2** 時刻の言い方　　**3** 助動詞(1)"想"　　**4** 連動文

第 7 课

洗手间在哪儿？ ———————————————— 70

1 存在の表現"有"と"在"　　**2** 前置詞(1)"在"　　**3** 反復疑問文
★方位詞

◆ 総復習 I ———————————————————— 76

第8课

你昨天做什么了？ — 80

1 実現・完了を表す"了"　　2 文末につける"了"　　3 前置詞(2)"跟"
4 助動詞(2)"要"

第9课

你在看什么？ — 86

1 助動詞(3)"会""能""可以"　　2 二つの目的語をとる動詞
3 動作の進行を表す"在"　　4 動詞"喜欢"　　★"在"のまとめ

第10课

离这儿远吗？ — 92

1 時量補語　　2 前置詞(3)"从""到""离""往"
3 2つの"怎么"

第11课

咱们交个朋友吧。 — 98

1 様態補語　　2 経験を表す"过"　　3 動量補語
4 前置詞(4)"对""给"

第12课

星期六去还是星期天去？ — 104

1 動詞の重ね型　　2 選択疑問文"还是"　　3 持続を表す"着"
4 疑問詞と疑問文のまとめ

第13课

我也可以去吗？ — 110

1 結果補語　　2 受け身の表現"被"　　3 助動詞(4)"得""应该"

第14课

我给你们照相。 — 116

1 主述述語文　　2 方向補語　　3 "把"構文　　4 "要～了"/"快要～了"/"就要～了"

第15课

你哪儿不舒服？ — 122

1 "是～的"構文　　2 "一点儿"と"有点儿"　　3 禁止の表現"别""不要"
4 使役の表現"让"

第16课

我们真有缘分！ — 128

1 前置詞のまとめ　　2 助動詞のまとめ　　3 補語のまとめ　　4 否定の"不"と"没(有)"

◆ 総復習 II — 134
◆ 単語索引 — 139

发音 1
Fāyīn yī

1 発音学習の前に ―― 中国語とは

1. ピンイン

中国語は漢字のみで書き表される。漢字は表意文字なので意味は理解しやすいが、発音は示されない。そこでローマ字を用いて発音を表示する。それをピンインという。

日本語： 中国（ちゅうごく）　日本（にほん）　●かなで発音を表示
中国語： 中国（Zhōngguó）　日本（Rìběn）　●ピンインで発音を表示

🐼 まずピンインをマスターして中国語の音の特徴をつかもう。

2. 簡体字

中国語には、国や地域により「簡体字」と「繁体字」という二つの漢字表記がある。
中華人民共和国で独自に簡略化された文字を「簡体字」という。
台湾、香港、マカオ等の地域では「繁体字」を用いる。

◆日本漢字、簡体字、繁体字の違い

日本漢字	簡体字	繁体字
歓迎	欢迎	歡迎
雑誌	杂志	雜誌
図書館	图书馆	圖書館

🐼 新出単語を覚える時は簡体字も書けるように練習しよう（単語帳の新出簡体字の練習コーナーを活用しよう）。

3. 普通话

中国は全体の 92％ を占める漢民族と 55 の少数民族によって構成されている。
我々が普段いう「中国語」は漢民族の言語のことで、中国人はこれを"汉语 Hànyǔ（漢語）"と称している。"汉语"には北京語、広東語、上海語、閩南語等多様な方言があるが、ここで学ぶのは全国共通の標準語として定められている"普通话 pǔtōnghuà（標準語）"である。"汉语"を母語とする人は約 12 億人、第二言語としても約 2 億人が使用しているといわれており、世界最大の母語話者人口を有する。

🐼 世界で最も多くの人に使われている"普通话"をマスターしよう！

中国語では発音がとても大切。
音の調子や口の形、舌の位置を覚えて繰り返し発音しよう。

2 声調

　中国語には一つ一つの音節に上げ下げの調子＝「声調」がついている。"普通话"には
声調が4種類あり、これを「四声」という。「四声」は声調記号で表す。

MP3 01

$$\bar{a} \qquad \acute{a} \qquad \check{a} \qquad \grave{a}$$

（第1声）　　（第2声）　　（第3声）　　（第4声）

　同じ ma でも声調が異なると意味が全く異なるのでしっかりマスターしよう。

発音のコツ

第1声 ➡	高く平らにのばす	mā［妈］お母さん	出だしを高くし最後まで高さをキープ
第2声 ➡	一気に引き上げる	má［麻］麻	「えーっ」と驚く感じ。後ろの方に力をこめて
第3声 ➡	低く抑える	mǎ［马］馬	がっかりした時の「アーア」の感じ
第4声 ➡	急激に下げる	mà［骂］ののしる	カラスが「カァ」と鳴くような調子
軽　声 ➡	軽く短く添える	māma［妈妈］お母さん	

練習　音声を聞いて声調記号をつけてみよう。　MP3 02

(1) a　　　(2) a　　　(3) a　　　(4) a

(5) ma　　(6) ma　　(7) ma　　(8) mama

11

3 **単母音**（7つの基本母音） `MP3` 03

a 口を大きく開けて舌を下げ明るく「アー」とはっきり発音。

o 日本語の「オ」より口を丸く突き出して発音。

e 日本語の「エ」を発音するときの半開きの口の形で喉の奥に力をいれ「ウ」というつもりで発音。

i（yi） 日本語の「イ」よりさらに唇を左右にひいて「イー」と発音。

u（wu） 日本語の「ウ」の形からさらに唇を丸くして、のどの奥から「ウー」と発音。

ü（yu） 口を「ウ」の形にして、唇に力を入れて丸くして「イー」と発音。

er 「a」の口の形にして上で学んだ「e」を言い、その時舌先をそり上げる。

> ✏️ **ピンイン表記ルール**(1)
>
> i、u、ü の前に子音がつかない時は yi、wu、yu と表記する。
>
> 例 i → yi u → wu ü → yu

🐼 **発音にトライ** `MP3` 04

(1) ā á ǎ à (2) ō ó ǒ ò (3) ē é ě è

(4) yī yí yǐ yì (5) wū wú wǔ wù (6) yū yú yǔ yù

(7) ēr ér ěr èr

練習 音声を聞いて声調記号をつけてみよう。（声調記号は単母音の上につける） `MP3` 05

(1) a (2) o (3) e (4) yi

(5) wu (6) yu (7) er

4 複母音 MP3 06

　ai や ou のように母音が二つ以上連なっているものを複母音という。離さずなめらかに発音することが大切である。

ai　ei　ao　ou	前の母音を強く発音する	アィ
ia　ie　ua　uo　üe (ya)　(ye)　(wa)　(wo)　(yue)	後の母音を強く発音する	ィア
iao　iou　uai　uei (yao)　(you)　(wai)　(wei)	真ん中の母音を強く発音する	ィアォ

※複母音の e は、日本語の「エ」に近い発音。
※（　　）内は前に子音がつかない時の表記→「ピンイン表記ルール⑴」

発音にトライ　MP3 07

⑴　āi　ái　ǎi　ài　　　　　　⑵　ēi　éi　ěi　èi

⑶　āo　áo　ǎo　ào　　　　　　⑷　ōu　óu　ǒu　òu

⑸　yā　yá　yǎ　yà　　　　　　⑹　yē　yé　yě　yè

⑺　wā　wá　wǎ　wà　　　　　　⑻　wō　wó　wǒ　wò

⑼　yuē　yué　yuě　yuè　　　　⑽　yāo　yáo　yǎo　yào

⑾　yōu　yóu　yǒu　yòu　　　　⑿　wāi　wái　wǎi　wài

⒀　wēi　wéi　wěi　wèi

🖉 声調記号をどこにつけるか

⑴　a があればその上に　　　　　→　ài　　miǎo
⑵　a がなければ、e か o をさがす　→　yuè　　kǒu
⑶　i, u が並べば後ろにつける　　→　guì　　xiū
⑷　母音一つならその上に　　　　→　bō　　xǐ

　　i につける時は上の点をとって yī, yí, yǐ, yì のように。

13

トレーニング

1 音声を聞いて声調記号をつけ、正確に発音できるまで練習しよう。　**MP3** 08

(1) e ［饿］お腹が空いた　　(2) yi ［一］一

(3) er ［二］二　　(4) wu ［五］五

(5) yu ［鱼］さかな

2 音声を聞いて声調記号をつけ、正確に発音できるまで練習しよう。　**MP3** 09

(1) ai ［爱］愛する　　(2) wo ［我］わたし

(3) ya ［牙］歯　　(4) ye ［夜］夜

(5) wa ［蛙］カエル　　(6) yue ［月］月

(7) yao ［要］要る　　(8) you ［有］持っている

3 まず順番に発音します。次にどちらかを発音します。それを＿＿に書きなさい。　**MP3** 10

(1) yú　yí　＿＿＿＿＿＿

(2) wǔ　yǔ　＿＿＿＿＿＿

(3) à　è　＿＿＿＿＿＿

(4) yē　yuē　＿＿＿＿＿＿

(5) yá　wá　＿＿＿＿＿＿

(6) ǒu　wǒ　＿＿＿＿＿＿

4 音声を聞いてピンインを書きなさい。　**MP3** 11

(1) ＿＿＿＿＿＿＿＿

［饿］　お腹が空いた

(2) ＿＿＿＿＿＿＿＿

［二］二

(3) ＿＿＿＿＿＿＿＿

［一］一

(4) ＿＿＿＿＿＿＿　＿＿＿＿＿＿＿

［五］五　　　［月］月

(5) ＿＿＿＿＿＿＿　＿＿＿＿＿＿＿　＿＿＿＿＿＿＿

［我］　　　　［要］　　　　［鱼］

私は魚が欲しい

(6) ＿＿＿＿＿＿＿　＿＿＿＿＿＿＿　＿＿nǐ＿＿

［我］　　　　［爱］　　　　［你］

私はあなたを愛している

ちょっと調べてみよう❶

●中国についても基本的な知識をこれから身につけていこう。

(1) 中国の人口は。　　　　　　　約＿＿＿＿＿＿億

(2) 現在の中国の国家主席は。　　　　＿＿＿＿＿＿＿

(3) 中国の面積は日本の約何倍。　　　＿＿＿＿＿＿倍

(4) 中国で一番長い川の名前は。　　　＿＿＿＿＿＿＿

(5) 中国の行政区分は＿＿＿＿の省と５つの自治区、４つの直轄市（北京、＿＿＿＿＿＿、
＿＿＿＿＿＿、＿＿＿＿＿＿）と２つの特別行政区（香港、マカオ）からなる。

发音 2
Fāyīn

中国語は1字が1音節になっている。この課では音節の頭にくる子音を学ぶ。

猫
māo

狗
gǒu

鸟
niǎo

＊m、g、n が子音

1 子音（全部で21個） MP3 12

	無気音	有気音			
唇　音	b(o)	p(o)	m(o)	f(o)	
舌尖音	d(e)	t(e)	n(e)		l(e)
舌根音	g(e)	k(e)		h(e)	
舌面音	j(i)	q(i)		x(i)	
そり舌音	zh(i)	ch(i)		sh(i)	r(i)
舌歯音	z(i)	c(i)		s(i)	

＊表の中の（　）内は、発音しやすいように添えた母音。

◆発音のコツ

唇　音：　上下の唇を使って発音する。
　　　　　b(o), p(o)　唇を結んだ状態から勢いよく口を開いて発音する。
　　　　　f(o)　前歯で下唇を軽く噛むようにして発音する。
舌尖音：　舌先を上の歯茎につけて発音する。
　　　　　l(e)　舌先をきちんと上の歯茎につけて発音、そり舌音の re と区別する。
舌根音：　のどに力を入れて発音する。
　　　　　g(e), k(e)　唇を左右に引き、のどの奥から発音する。
舌面音：　舌先を下の歯茎につけたまま発音する。
　　　　　唇を左右に引き ji は日本語の「ジ（無気音）」、qi は「チ（有気音）」、xi は「シ」に近い。
そり舌音：18頁 3 参照。
舌歯音：　唇を左右に引き舌先を前歯の裏側に押しつけて発音する。
　　　　　zi は「ズ（無気音）」、ci は「ツ（有気音）」、si は「ス」

16

2 無気音と有気音　MP3 13

中国語には「息を抑えてひかえめに出す音＝無気音」と「息をパッと激しく出す音＝有気音」の二通りがあり、これを厳密に区別する。

	無気音 （息を抑える）		有気音 （息を強く出す）
	b(o)	──	p(o)
	d(e)	──	t(e)
	g(e)	──	k(e)
	j(i)	──	q(i)
	z(i)	──	c(i)
	zh(i)	──	ch(i)

発音にトライ(1)　MP3 14

b — p　(1) bà［爸］父 — pà［怕］恐れる　(2) bǎo［宝］宝 — pǎo［跑］走る
d — t　(3) dú［读］読む — tú［图］図　(4) duō［多］多い — tuō［拖］引く
g — k　(5) gè［个］個 — kè［课］授業　(6) guài［怪］怪しい — kuài［快］速い
j — q　(7) jī［鸡］鶏 — qī［七］七　(8) jiāo［教］教える — qiāo［敲］たたく
z — c　(9) zì［字］字 — cì［次］回　(10) zǎo［早］早い — cǎo［草］草

> ✏️ ピンイン表記ルール (2)
>
> üの前に子音 j, q, x がつくときは、üの‥を省略して u と書く。
>
> 　例　jü → ju　　qü → qu　　xü → xu

発音にトライ(2)　MP3 15　üの口の形に注意して発音してみよう。

(1) yǔ［雨］雨　　(2) jù［句］センテンス　　(3) qù［去］行く

(4) xǔ［许］許す　(5) xué［学］学ぶ

3 そり舌音　MP3 16

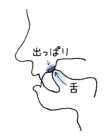

日本人の苦手な発音。まず「そり舌」の位置を覚えよう。

① 舌先を前歯の裏に当て、そこから奥（後ろ）に向かって舌先で歯茎をなぞっていく。
② 深く落ち込む境目の位置を見つけたらそこに舌先をとめる。＝舌をそる

- **zhi**　上の要領で舌先をそり上げて息を抑えるようにして「ヂー」（無気音）
- **chi**　上の要領で舌先をそりあげて息を強く出して「チー」（有気音）
- **shi**　そりあげた舌を歯茎につけず少しすき間を残し、すき間から息を摩擦させて「シ」
- **ri**　shiを発音した時の舌先をさらに奥に引き、声帯を震わせながら濁った「リ」

発音にトライ(1)　MP3 17

zhī [知] 知る	zhí [职] 職	zhǐ [纸] 紙	zhì [志] 志
chī [吃] 食べる	chí [池] 池	chǐ [尺] 尺	chì [赤] 赤
shī [师] 師	shí [十] 十	shǐ [史] 史	shì [是] 〜である
rī	rí	rǐ	rì [日] 日

発音にトライ(2)　MP3 18　そり舌音とそれ以外の音の比較

(1) zhì [志] 志 — jì [记] 記す　　(2) shī [师] 師 — xī [西] 西
(3) chī [吃] 食べる — qī [七] 七　　(4) chǎo [炒] 炒める — cǎo [草] 草
(5) rè [热] 暑い — lè [乐] 楽しい　　(6) rì [日] 日 — lì [历] 歴

ちょっと一息　—発音してみよう

・我是猫。Wǒ shì māo.（私は猫です。）
・猫吃鱼。Māo chī yú.（猫は魚を食べる。）

✏️ **ピンイン表記ルール⑶**   o と e の省略

複母音の iou, uei が子音と結合して音節を作ると真ん中の母音が弱くなる。
このためピンノン表記では次のように o や e を省略してつづる。

$$j + iou \rightarrow jiu \qquad q + iou \rightarrow qiu$$
$$h + uei \rightarrow hui \qquad g + uei \rightarrow gui$$

🐼 **発音にトライ** MP3 19

(1) liù ［六］六   (2) jiǔ ［九］九   (3) qiú ［球］ボール

(4) guì ［貴］値段が高い   (5) duì ［対］正しい   (6) shuǐ ［水］水

4 三つの i MP3 20

同じ i でも音が違う。区別して発音しよう。

ji qi xi	口を左右に引いてはっきりとした i
zhi chi shi ri	そり舌音に続く音。こもった i
zi ci si	コを左右に引いて「ズ（無気音）」「ツ（有気音）」「ス」

🐼 **発音にトライ** MP3 21 口の形に注意して区別して発音してみよう。

発音のコツ

(1) jǐ ［几］いくつ ー zǐ ［子］子   口をひく、zi は「ズ」

(2) xì ［細］細かい ー sì ［四］四   口をひく、si は「ス」

(3) sì ［四］四 ー sù ［速］速い   si は口を左右に引く、su は唇を丸く

(4) xǔ ［許］許す ー xǐ ［洗］洗う   xu は ü の口

(5) huā ［花］花 ー fā ［発］発する   fa は 下唇を軽くかむ

(6) chē ［车］車 ー chā ［插］挿す   che はそり舌の後 e の発音

トレーニング

1 まず順番に発音します。次にどちらかを発音します。それを___に書きなさい。　**MP3** 22

(1) pà　bà　_____

(2) jí　qí　_____

(3) gǎi　kǎi　_____

(4) zhú　chú　_____

(5) duī　tuī　_____

(6) zuò　cuò　_____

2 一回目は音声の後について上から順に発音練習をしましょう。
二回目は音声が読まれた順に（　）に1〜3の数字を書きなさい。　**MP3** 23

(1) jī　（　）
　　zhī　（　）
　　zī　（　）

(2) qī　（　）
　　chī　（　）
　　cī　（　）

(3) xī　（　）
　　shī　（　）
　　sī　（　）

(4) xū　（　）
　　xī　（　）
　　shī　（　）

(5) qū　（　）
　　qī　（　）
　　chī　（　）

(6) sī　（　）
　　sū　（　）
　　sē　（　）

3 音声を聞いて正しい方にマルをつけ、正しく発音できるように練習しなさい。　**MP3** 24

(1) 纸

zhǐ / jǐ

(2) 肉

ròu / lòu

(3) 猪

chū / zhū

(4) 水

shuǐ / zuǐ

(5) 书

xū / shū

(6) 德国

Déguó / Dáguó

(7) 法国

Huǎguó / Fǎguó

(8) 公司

gōngxī / gōngsī

4 音声を聞いて、発音練習をしましょう。　MP3 25

(1) Wǒ hē shuǐ.
我　喝　水。
（私は水を飲む。）

(2) Nǐ hē chá.
你　喝　茶。
（あなたはお茶を飲む。）

(3) Wǒ chī zhūròu.
我　吃　猪肉。
（私は豚肉を食べる。）

(4) Nǐ qù Déguó.
你　去　德国。
（あなたはドイツに行く。）

ちょっと調べてみよう❷

●北京について

(1) 現在の北京市の人口は。＿＿＿＿＿＿＿

(2) 北京にある世界遺産はいくつ。
　　　①2つ　　②4つ　　③7つ

(3) 北京にないものは。
　　　①地下鉄　　②ディズニーランド　　③リニアモーターカー

(4) 北京の名物料理でないものは。
　　　①北京ダック　　②羊肉のしゃぶしゃぶ　　③麻婆豆腐

(5) 北京にある故宮（紫禁城）の屋根瓦の色は。
　　　①紫色　　②青色　　③黄色

发音 3
Fāyīn sān

日本語で「ン」と表現される音が、中国語では「n」か「ng」かで区別される。

1 鼻音をともなう母音 (nとng) **MP3** 26

実際には日本語の「ン」においても「n」と「ng」の二つの音が存在する。

例)「案内」のアン：舌が上の歯茎につき「ア」を口の前の方で発声 = an
　　「案外」のアン：舌がどこにもつかず「ア」を口の奥の方で発声 = ang

🐼舌の位置や「a」「e」の音の違いを意識して発音してみよう。

〈 -n 〉	〈 -ng 〉
an	ang
ian （yan）	iang （yang）
uan （wan）	uang （wang）
üan （yuan）	
en	eng
in （yin）	ing （ying）
uen （wen）	ueng （weng）
ün （yun）	
	ong
	iong （yong）

* ian, iang, in, ing, iong が母音だけで一つの音節になる場合、それぞれ yan, yang, yin, ying, yong と書く。

uan, uang, uen, ueng が母音だけで一つの音節になる場合は、それぞれ wan, wang, wen, weng と書く。

üan, ün が母音だけで一つの音節になる場合は、それぞれ yuan, yun と書く。

◆発音のコツ

① an 　　　アを少し前よりに発音し、舌先を上の歯茎に押し付け音を止める。長くのばさない。

　 ang 　　口を大きく開けて舌を奥に引きながら「アン」、舌先をどこにもつけず長めに発音。

② ian(yan) 　つづりと発音が一致しないので注意！イアンでなく「イエン」。

　 iang(yang) 　口を大きく開けたままで「イアン」。

④ üan(yuan) 　唇に力をいれて丸めた ü から「アン」。

⑤ en 　　　「e」は日本語の明るい「エ」に近く、「エン」。

　 eng 　　「e」は単母音の「e」。軽く口を左右に引いて口の奥の方から「オン」に近い発音。

⑦ uen(wen) 　唇をまるめた u から en に、「ウェン」。

　 ueng(weng) 　唇をまるめた u から口の奥の方から「オン」に近い発音、「ウォン」。

⑧ ün(yun) 　　唇に力を入れて ü を発音してから舌先を上前歯と歯茎の境目にあてて n を発音。

発音にトライ⑴　MP3 27

(1) an —— ang　舌の位置に注意！

　　sān［三］三　—— sāng［桑］くわ
　　fàn［饭］ご飯 —— fàng［放］置く
　　tán［谈］話す —— táng［糖］飴、砂糖

(2) ian(yan) —— iang(yang)　「a」の発音が異なることに注意！

　　yán［盐］塩　—— yáng［羊］羊
　　qián［钱］お金 —— qiáng［强］強い
　　xiān［先］先　—— xiāng［香］香

(3) en —— eng　「e」の発音が異なることに注意！

　　fēn［分］〜分　—— fēng［风］風
　　shēn［深］深い —— shēng［生］生じる
　　zhēn［真］本当に —— zhēng［争］争う

(4) in(yin) —— ing(ying)

　　lín［林］林　—— líng［零］ゼロ
　　xīn［新］新しい —— xīng［星］星
　　jīnyú［金鱼］金魚 —— jīngyú［鲸鱼］くじら

> ✏️ "n" か "ng" か迷った時には〜
>
> 　その字を日本語の漢字音で読んでみるとよい。
> 　① 中国語で -n で終わる字は日本語漢字音でも「ン」で終わる。
> 　　　三 sān サン／盐 yán エン／先 xiān セン／林 lín リン／金 jīn キン
> 　② 中国語で ng で終わる字は日本語漢字音では「ウ」か「イ」で終わる。
> 　　　放 fàng ホウ／羊 yáng ヨウ／星 xīng セイ／风 fēng フウ／争 zhēng ソウ

> **✏️ ピンイン表記ルール⑷**　　e の省略
>
> uen が子音と結合して音節を作ると真ん中の母音 e が弱くなる。
>
> このためピンイン表記では次のように e を省略してつづる
>
> k + uen → kun 　　　s + uen → sun

🐼 発音にトライ⑵　**MP3** 28

(1) kùn［困］眠い　　(2) cūn［村］村　　(3) chūn［春］春

(4) lùn［论］論　　(5) sūn［孙］孫　　(6) húntun［馄饨］ワンタン

2　e の発音　**MP3** 29

単母音 e は他の音と組むと音が変わる。

以下の三通りのヴァリエーションがあることを覚えておこう。

音色		音の組み方	例
①	あいまいな e	（子音＋）単母音の e	è［饿］お腹が空いた ／ hē［喝］飲む ／ gè［个］個
		（子音＋）eng	fēng［风］風 ／ mèng［梦］夢
		ueng	wēng［翁］翁
②	「エ」に近い音	（子音＋）複母音の e	yuè［月］月 ／ yě［也］〜も ／ xué［学］学ぶ
		（子音＋）en	ēn［恩］恩 ／ fēn［分］分
③	「ア」に近い音	er	èr［二］二
		軽声の e	le［了］〜た

24

3 数字の発音を覚えよう　MP3 30

| yī | èr | sān | sì | wǔ |
| liù | qī | bā | jiǔ | shí |

> ✏️ **ピンイン表記ルールのまとめ**
>
> (1) i, u, ü の前に子音がつかない時は yi, wu, yu と表記する。
> 　　単母音でない場合も、i, u, ü の音で始まるときは、yi, wu, yu と表記する。
>
> 　　① i → yi　　ia, ie, iao, iou　　　　→ ya, ye, yao, you
> 　　　　　　　　ian, in, iang, ing, iong　→ yan, yin, yang, ying, yong
> 　　② u → wu　　ua, uo, uai, uei　　　　→ wa, wo, wai, wei
> 　　　　　　　　uan, uen, uang, ueng　　→ wan, wen, wang, weng
> 　　③ ü → yu　　üe, üan, ün　　　　　　→ yue, yuan, yun
>
> (2) ü の前に子音 j, q, x がつくときは、ü の ¨ を省略して u と書く。
> 　　例： jü → ju　　qü → qu　　xü → xu
>
> (3) 複母音の iou, uei が子音と結合して音節を作ると o や e を省略してつづる。
> 　　例： j + iou → jiu　　q + iou → qiu
> 　　　　h + uei → hui　　g + uei → gui
>
> (4) uen が子音と結合して音節を作ると e を省略してつづる。
> 　　例： k + uen → kun　　s + uen → sun

トレーニング

1 まず順番に発音します。次にどちらかを発音します。それを＿＿に書きなさい。　**MP3** 31

(1) jiān　jiāng ＿＿＿＿＿＿

(2) yán　yáng ＿＿＿＿＿＿

(3) xìn　xìng ＿＿＿＿＿＿

(4) wǎn　wǎng ＿＿＿＿＿＿

(5) fēn　fēng ＿＿＿＿＿＿

(6) shèn　shèng ＿＿＿＿＿＿

2 音声を聞いて正しい方にマルをつけ、正しく発音できるように練習しなさい。　**MP3** 32

(1) 羊（羊）

yán / yáng

(2) 饭（ごはん）

fàn / fàng

(3) 钱（お金）

qián / qiáng

(4) 人（人）

rén / réng

(5) 医生（医者）

yīshēn / yīshēng

(6) 面包（パン）

miànbāo / mièbāo

(7) 眼镜（メガネ）

yǎngjìn / yǎnjìng

(8) 再见（さよなら）

zàijiàn / zàijiàng

3 1から10までの数を発音します。数字を書きなさい。　**MP3** 33

(1) ＿＿＿＿　(2) ＿＿＿＿　(3) ＿＿＿＿　(4) ＿＿＿＿　(5) ＿＿＿＿

(6) ＿＿＿＿　(7) ＿＿＿＿　(8) ＿＿＿＿　(9) ＿＿＿＿　(10) ＿＿＿＿

发音 3

4 音声を聞いて、発音練習をしましょう。　MP3 34

(1) Wǒ kàn shū.
　　我　看　书。
　　（私は本を読む。）

(2) Wǒ chī miàntiáo.
　　我　吃　面条。
　　（私は麺を食べる。）

(3) Tā shì yīshēng.
　　他　是　医生。
　　（彼は医者です。）

ちょっと調べてみよう❸

●中国語の外来語について

　中国語の外来語には、漢字の音を利用した音訳語（①～③）と、漢字の意味を利用した意訳語（④～⑦）とがある。次の外来語を正確に発音して意味を調べてみよう。

① 卡拉OK　　kǎlā OK　　（一緒に行こう！）
② 奔驰　　　Bēnchí　　　（高級車）
③ 麦当劳　　Màidāngláo　（ポテトもいかが）
④ 白宫　　　Báigōng　　 （アメリカにあります）
⑤ 微软　　　Wēiruǎn　　 （アメリカの会社）
⑥ 超市　　　chāoshì　　 （今日の目玉商品は）
⑦ 热狗　　　règǒu　　　 （食べられる犬です）

发音 4
Fāyīn sì

　発音1〜3で中国語の全ての音を学んだ。ここでは二つの音節が連続したときに起こる「声調変化」と「声調の組み合わせ」について学ぶ。ここでの単語は全て本編でも使われるので、今から正確に発音できるようにしておこう。

1　軽声　MP3 35

軽声は決まった高さがない。前の音節の後に軽く添える。

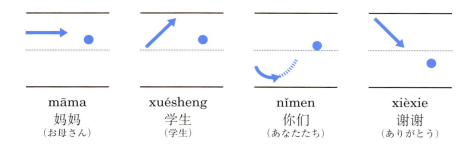

māma	xuésheng	nǐmen	xièxie
妈妈	学生	你们	谢谢
（お母さん）	（学生）	（あなたたち）	（ありがとう）

発音にトライ　MP3 36

(1) 1声＋軽声　dōngxi　［东西］品物　　yīfu　　［衣服］服
(2) 2声＋軽声　míngzi　［名字］名前　　péngyou　［朋友］友達
(3) 3声＋軽声　wǒmen　［我们］私たち　jiějie　　［姐姐］姉
(4) 4声＋軽声　bàba　　［爸爸］父　　　hùshi　　［护士］看護師

2　声調の変化(1) ——第3声の声調変化　MP3 37

第3声 ＋ 第3声 → **第2声** ＋ 第3声
　你　　　好　　　　你　　　好
　nǐ　＋　hǎo　→　**ní**　＋　hǎo　（実際の発音）

ただし変調しても声調記号はもとの第3声のままにしておく。

　　手表（腕時計）　　雨伞（傘）
　　shǒubiǎo　　　　yǔsǎn

3 声調の組み合わせ　MP3 38

20 通りの声調パターンを練習しよう。

	−1声	−2声	−3声	−4声	−軽声
1声−	kāfēi 咖啡 (コーヒー)	Zhōngguó 中国 (中国)	Yīngyǔ 英语 (英語)	shāngdiàn 商店 (店)	yīfu 衣服 (服)
2声−	qiánbāo 钱包 (財布)	Hánguó 韩国 (韓国)	píngguǒ 苹果 (りんご)	xuéxiào 学校 (学校)	xuésheng 学生 (学生)
3声−	shǒujī 手机 (携帯電話)	Fǎguó 法国 (フランス)	yǔsǎn 雨伞 (傘)	yǐnliào 饮料 (飲み物)	wǒmen 我们 (私たち)
4声−	miànbāo 面包 (パン)	miàntiáo 面条 (麺類)	kèběn 课本 (テキスト)	diànshì 电视 (テレビ)	xièxie 谢谢 (ありがとう)

4 声調の変化 (2)　──"不" bù の声調変化　MP3 39

否定を表す "不" bù は本来第 4 声であるが、後に第 4 声が来ると第 2 声に変化する。

bù ＋ shì → **bú** ＋ shì
不　　是　　　不　　是

🐼 発音にトライ　MP3 40

＋第 1 声：bù hē　　不 喝　（飲まない）
＋第 2 声：bù xué　　不 学　（学ばない）
＋第 3 声：bù mǎi　　不 买　（買わない）
＋第 4 声：bú kàn　　不 看　（見ない）

5 声調の変化 (3) ——"一" yī の声調変化　[MP3] 41

"一" yī は本来は第1声であるが、次のように声調が変化する。

"一" yī ＋第1、第2、第3声　→　yì ＋第1、第2、第3声　　yìqǐ［一起］一緒に

"一" yī ＋第4声　　　　　　→　yí ＋第4声　　　　　　yídìng［一定］きっと

　　＊序数の時は変調しない→ yī yuè［一月］一月、dì yī kè［第一课］第一課

6 r 化　[MP3] 42

音節の末尾に r がつくことを「r 化」という。発音するときは最後に舌をそり上げる。
ただし、r の前の n, ng と複母音の i は発音しない。

huàr　　　［画儿］　絵　　　　gēr　　［歌儿］歌

yìdiǎnr　［一点儿］少し　　　wánr　［玩儿］遊ぶ　　＊n を発音しない

xiǎoháir［小孩儿］子供　　　wèir　［味儿］味　　　＊i を発音しない

> ✏️ 隔音マーク「'」
>
> 次の音節が a, o, e で始まる場合、前の音節との区切りのマークとして「'」をつける。
>
> 　kě'ài［可爱］かわいい　　shí'èr［十二］12

★挨拶言葉を練習しよう。 **MP3** 43

(1) Nǐ hǎo.　　　　　　　　　　　　　　　　你好。（こんにちは）

(2) Xièxie.　　　　　　　　　　　　　　　　谢谢。（ありがとう）

(3) Bú xiè.　　　　　　　　　　　　　　　　不谢。（どういたしまして）

(4) Duìbuqǐ.　　　　　　　　　　　　　　　对不起。（ごめんなさい）

(5) Méi guānxi.　　　　　　　　　　　　　没关系。（大丈夫です）

(6) Qǐng hē chá.　　　　　　　　　　　　请喝茶。（お茶をどうぞ）

(7) Qǐng duō guānzhào.　　　　　　　　请多关照。（よろしくお願いします）

(8) Zàijiàn.　　　　　　　　　　　　　　再见。（さようなら）

31

トレーニング

1 音声が読まれた順に（　）に番号をつけなさい。また声調記号もつけなさい。　MP3 44

(1) yu　（　）　　(2) a　　（　）　　(3) bao　（　）
　　yi　（　）　　　　e　　（　）　　　　pao　（　）

(4) yan　（　）　　(5) jian　（　）　　(6) fen　（　）
　　yang（　）　　　　jiang（　）　　　　feng（　）

(7) zi　（　）　　(8) qu　（　）　　(9) si　（　）
　　ji　（　）　　　　qi　（　）　　　　su　（　）
　　zhi　（　）　　　　chi　（　）　　　　se　（　）

2 音声を聞いて声調記号をつけて、次に声調記号が同じもの同士を線で結びなさい。　MP3 45

(1) yinliao［饮料］飲み物　・　　　　・(6) zaijian［再见］さようなら

(2) gongsi［公司］会社　・　　　　・(7) laoshi［老师］先生

(3) dianshi［电视］テレビ　・　　　　・(8) yanjing［眼镜］メガネ

(4) xiexie［谢谢］ありがとう　・　　　　・(9) yisheng［医生］医者

(5) shouji［手机］携帯電話　・　　　　・(10) baba［爸爸］父

発音**4**

3 まず順番に発音します。次にどちらかを発音します。それを＿＿＿に書き、正しく発音できるように
練習しなさい。　**MP3** 46

(1) **huàxué**　　　　　**huáxuě**　　　　　　＿＿＿＿＿＿＿＿＿＿
　　 ［化学］化学　　　　　［滑雪］スキー

(2) **kàn shū**　　　　　**kǎn shù**　　　　　　＿＿＿＿＿＿＿＿＿＿
　　 ［看书］本を読む　　　［砍树］木を伐る

(3) **shùxué**　　　　　　**shūxuè**　　　　　　＿＿＿＿＿＿＿＿＿＿
　　 ［数学］数学　　　　　［输血］輸血する

(4) **yǎnjìng**　　　　　　**yǎnjing**　　　　　　＿＿＿＿＿＿＿＿＿＿
　　 ［眼镜］メガネ　　　　［眼睛］目

(5) **shuìjiào**　　　　　　**shuǐjiǎo**　　　　　　＿＿＿＿＿＿＿＿＿＿
　　 ［睡觉］寝る　　　　　［水饺］水餃子

4 音声を聞いてピンインを書きなさい。（声調記号もつけなさい。）　**MP3** 47

(1) ＿＿＿＿＿＿＿＿　　(2) ＿＿＿＿＿＿＿＿　　(3) ＿＿＿＿＿＿＿＿
　　 纸（紙）　　　　　　　　羊（羊）　　　　　　　　钱（お金）

(4) ＿＿＿＿＿　＿＿＿＿＿　　(5) ＿＿＿＿＿　＿＿＿＿＿
　　 不　　　买（買わない）　　　不　　　去（行かない）

33

第 1 课
Dì yī kè

まず覚えよう

国籍	☐ 中国人（中国人） Zhōngguórén	☐ 日本人（日本人） Rìběnrén	☐ 韩国人（韓国人） Hánguórén
	☐ 美国人（アメリカ人） Měiguórén	☐ 英国人（イギリス人） Yīngguórén	
	☐ 法国人（フランス人） Fǎguórén	☐ 德国人（ドイツ人） Déguórén	
職業 （身分）	☐ 老师（先生） lǎoshī	☐ 学生（学生） xuésheng　☐ 大学生（大学生） dàxuéshēng	☐ 留学生（留学生） liúxuéshēng
	☐ 公司　职员（会社員） gōngsī zhíyuán	☐ 医生（医者） yīshēng　☐ 护士（看護師） hùshi	

挨拶の一言二言

- 你好！ ── 你好！
  Nǐ hǎo!　　Nǐ hǎo!
  （こんにちは！）（こんにちは！）

  対不起。 ── 没关系。
  Duìbuqǐ.　　Méi guānxi.
  （ごめんなさい。）（大丈夫です。）

- 谢谢。 ── 不谢。
  Xièxie.　　Bú xiè.
  （ありがとう。）（どういたしまして。）

  请喝茶。 ── 谢谢。
  Qǐng hē chá.　　Xièxie.
  （お茶をどうぞ。）（ありがとう。）

- 再见！ ── 再见！
  Zàijiàn!　　Zàijiàn!
  （さよなら。）（さよなら。）

  请多关照。 ── 请多关照。
  Qǐng duō guānzhào.　　Qǐng duō guānzhào.
  （よろしくお願いします。）（よろしくお願いします。）

一言コーナー

我 是 日本人。
Wǒ shì Rìběnrén.

♠ キャンパスをジョギングしていた石井さんは外国人の青年と出会いました。

麦克： 你 好！ 你 是 中国人 吗？
Màikè: Nǐ hǎo! Nǐ shì Zhōngguórén ma?

石井： 不 是， 我 是 日本人。
Shíjǐng: Bú shì, wǒ shì Rìběnrén.

麦克： 你 叫 什么 名字？
Nǐ jiào shénme míngzi?

石井： 我 姓 石井， 叫 石井 萌。
Wǒ xìng Shíjǐng, jiào Shíjǐng Méng.

麦克： 我 叫 麦克， 是 美国人。
Wǒ jiào Màikè, shì Měiguórén.

石井： 请 多 关照。
Qǐng duō guānzhào.

北京通信 ❶　　　　　　　　　　　　　　　キャンパスでの生活

　北京の総合大学のキャンパスは広大だ。大学生はほぼ全員が寮生活を送っており、生活に必要な施設、運動場、ジムなども概ね校内にある。食堂もたいていは幾つかあり、各地の料理を食べられるほか、イスラームを信仰する少数民族の学生のために、ハラールに対応した食堂を設置している大学も多い。ただ、開店時間が短い場合も多く、最初は戸惑うこともあるかもしれない。学生寮の多くは個室ではなく、プライベートはあまりない。深夜まで自習のために開放された教室で、学生達は思い思いに勉強しながら、自分の時間を過ごしている。

ポイント 第1課

MP3 50

1 人称代名詞

	一人称	二人称	三人称
単数	我 wǒ（私）	你 nǐ （あなた） 您 nín（あなた）	他 tā（彼） 她 tā（彼女）
複数	我们 wǒmen （私たち） 咱们 zánmen （私たち）	你们 nǐmen（あなたたち）	他们 tāmen（彼ら） 她们 tāmen（彼女たち）

＊"咱们"は話し手と聞き手を両方含んだ「私たち、われわれ」。

＊"您"は"你"の敬称で、複数形"您们"は一般には用いられない。

＊"他们"は男性と女性が混ざっている場合も使う。

2 判断を表す"是"shì（～は…である）

肯定文　我是大学生。　　　　　　　　Wǒ shì dàxuéshēng.

　　　　他们是医生。　　　　　　　　Tāmen shì yīshēng.

否定文　他们不是中国人。　　　　　　Tāmen bú shì Zhōngguórén.

　　　　　　　　　　　　　　　　　＊"不"の声調変化　☞29頁参照

疑問文　您是老师吗？　　　　　　　　Nín shì lǎoshī ma?

　　　　——是，我是老师。　　　　　—— Shì, wǒ shì lǎoshī.

　　　　你是中国人吗？　　　　　　　Nǐ shì Zhōngguórén ma?

　　　　——不是，我是日本人。　　　—— Bú shì, wǒ shì Rìběnrén.

練習 中国語で言ってみよう。

(1) 彼女はアメリカ人ではありません。

(2) 彼らはドイツ人です。

(3) あなたは会社員ですか。

(4) 私たちは大学生です。

POINT

MP3 51

3 名前の尋ね方と答え方

● 名字の尋ね方

你姓什么？　　　Nǐ xìng shénme?
——我姓陈。　　　—— Wǒ xìng Chén.

您贵姓？　　　　Nín guì xìng?　＊丁寧な尋ね方
——我姓石井。　　—— Wǒ xìng Shíjǐng.

● フルネームの尋ね方

你叫什么名字？　Nǐ jiào shénme míngzi?
——我叫佐藤健。　—— Wǒ jiào Zuǒténg Jiàn.

● 国籍の尋ね方

你是哪国人？　　Nǐ shì nǎ guó rén?
——我是日本人。　—— Wǒ shì Rìběnrén.

練習 自分の名前の簡体字とピンインを調べてみよう。

簡体字　：（姓）　　　　　　　　　　　　　（名）

ピンイン：

・中国人の姓

| 张 Zhāng | 王 Wáng | 李 Lǐ | 赵 Zhào |
| 刘 Liú | 陈 Chén | 林 Lín | 黄 Huáng |

・日本人の姓

| 铃木 Língmù | 田中 Tiánzhōng | 佐藤 Zuǒténg | 伊藤 Yīténg |
| 高桥 Gāoqiáo | 中村 Zhōngcūn | 山本 Shānběn | 石井 Shíjǐng |

トレーニング

1 音声を聞いて、読まれた順に1〜4の数字を空欄に書き入れなさい。　　**MP3** 52
次に全ての単語を日本語だけを見て正確に発音できるように練習しましょう。

(1) 韓国人　　　（　　　）　(2) 学生　　　　（　　　）　(3) 留学生　　　（　　　）

フランス人（　　　）　　　看護師　　　（　　　）　　　会社員　　　（　　　）

アメリカ人（　　　）　　　教員　　　　（　　　）　　　大学生　　　（　　　）

イギリス人（　　　）　　　医者　　　　（　　　）

2 音声を聞いて簡体字で書き取り、対応する答えを線で結びなさい。　**MP3** 53

(1) _____　•　　•　不谢。　　　Bú xiè.

(2) _____　•　　•　请多关照。　Qǐng duō guānzhào.

(3) _____　•　　•　没关系。　　Méi guānxi.

(4) _____　•　　•　再见。　　　Zàijiàn.

3 次のピンインを簡体字に直し、日本語に訳しなさい。

(1) Nín guìxìng? Nín shì liúxuéshēng ma?

簡体字 _____

和　訳 _____

(2) Wǒmen bú shì gōngsī zhíyuán, shì lǎoshī.

簡体字 _____

和　訳 _____

(3) Nǐ jiào shénme míngzi?

簡体字 _____

和　訳 _____

4 日文中訳

(1) 彼女は看護師ではなく、医者です。

_____

(2) 彼らはフランス人ですか。　——いいえ、イギリス人です。

_____

(3) あなたはどこの国の方ですか。　——私はアメリカ人です。

_____

5 自分の大学名の簡体字とピンインを調べましょう。

簡体字	大学
ピンイン	Dàxué

6 石井さんの自己紹介を参考にして自己紹介をしてみましょう。

你们 好!
Nǐmen hǎo!

我 叫　石井 萌。
Wǒ jiào　Shíjǐng Méng.

我 是　中国 大学 的　留学生。　★的（～の～）［第3課］
Wǒ shì Zhōngguó Dàxué de liúxuéshēng.

我 是　日本人。
Wǒ shì　Rìběnrén.

请 多 关照。
Qǐng duō guānzhào.

第 2 课
Dì èr kè

まず覚えよう

MP3 54

よくすること

動詞	「動詞＋名詞」フレーズ	
去 qù（行く） 来 lái（来る）	☐ 去　图书馆 　qù　túshūguǎn 　（図書館に行く）	☐ 来　学校 　lái　xuéxiào 　（学校に来る）
吃 chī （食べる）	☐ 吃　饭 　chī　fàn 　（食事をする）	☐ 吃　面包 　chī　miànbāo 　（パンを食べる）
喝 hē （飲む）	☐ 喝　红茶 　hē　hóngchá 　（紅茶を飲む）	☐ 喝　咖啡 　hē　kāfēi 　（コーヒーを飲む）
买 mǎi （買う）	☐ 买　饮料 　mǎi　yǐnliào 　（飲み物を買う）	☐ 买　东西 　mǎi　dōngxi 　（買い物をする）
看 kàn （読む、見る）	☐ 看　书 　kàn　shū 　（本を読む）	☐ 看　电视 　kàn　diànshì 　（テレビを見る）
学 xué （学ぶ）	☐ 学　汉语 　xué Hànyǔ 　（中国語を学ぶ）	☐ 学　英语 　xué Yīngyǔ 　（英語を学ぶ）
做 zuò （する、作る）	☐ 做　作业 　zuò　zuòyè 　（宿題をする）	☐ 做　饭 　zuò　fàn 　（食事を作る）

他去学校。（彼は学校に行く。）
Tā qù xuéxiào.

我喝咖啡。（私はコーヒーを飲む。）
Wǒ hē kāfēi.

一言コーナー

你 学 什么?
Nǐ xué shénme?

♠ 石井さんはマイクと走りながらおしゃべりします。

麦克： 你 学 什么？
　　　 Nǐ xué shénme?

石井： 我 学 汉语，你 呢？
　　　 Wǒ xué Hànyǔ, nǐ ne?

麦克： 我 也 学 汉语。
　　　 Wǒ yě xué Hànyǔ.

石井： 你 去 哪儿？
　　　 Nǐ qù nǎr?

麦克： 我 去 食堂，你 也 去 吗？
　　　 Wǒ qù shítáng, nǐ yě qù ma?

石井： 我 不 去。 我 去 便利店，再见！
　　　 Wǒ bú qù. Wǒ qù biànlìdiàn, zàijiàn!

41

ポイント 第2課

MP3 56

1　動詞述語文　——［動詞＋目的語］

	主語＋動詞＋目的語	主語＋去・来＋場所
肯定文	他 吃 饭。 Tā chī fàn.	他们 来 学校。 Tāmen lái xuéxiào.
否定文	他 不 吃 饭。 Tā bù chī fàn.	他们 不 来 学校。 Tāmen bù lái xuéxiào.
疑問文	他 吃 饭 吗？ Tā chī fàn ma?	他们 来 学校 吗？ Tāmen lái xuéxiào ma?

練習　次の質問を隣の人にして答えてもらいましょう。

(1) 你 去（① 图书馆　② 中国）吗？
　　Nǐ qù　túshūguǎn　Zhōngguó ma?

(2) 你 喝（① 红茶　② 咖啡）吗？
　　Nǐ hē　hóngchá　kāfēi ma?

(3) 你 买（① 面包　② 饮料）吗？
　　Nǐ mǎi　miànbāo　yǐnliào ma?

2　疑問詞疑問文　——"什么"shénme（なに）、"哪儿"nǎr（どこ）、"谁"shéi（だれ）

你学**什么**？　　　　Nǐ xué shénme?

——我学**汉语**。　　——Wǒ xué Hànyǔ.

她去**哪儿**？　　　　Tā qù nǎr?

——她去**图书馆**。　——Tā qù túshūguǎn.

他是**谁**？　　　　　Tā shì shéi?

——他是**李老师**。　——Tā shì Lǐ lǎoshī.

谁买饮料？　　　　Shéi mǎi yǐnliào?

——**我**买饮料。　　——Wǒ mǎi yǐnliào.

＊疑問文では、尋ねたいところに疑問詞を置く。

＊疑問詞があれば、文末の「吗」はいらない。　×他是谁吗？　×她去哪儿吗？

練習　中国語で言ってみよう。

(1) あなたたちはどこへ行きますか。

(2) 彼らは何を買いますか。

(3) 誰が食事を作りますか。

42

P O I N T

MP3 57

3 副詞"也"yě（〜も）　——動詞の前に置く

他是日本人，我**也**是日本人。　Tā shì Rìběnrén, Wǒ yě shì Rìběnrén.

我**也**学英语。　Wǒ yě xué Yīngyǔ.

她不去，我**也**不去。　Tā bú qù, wǒ yě bú qù.

*否定の場合は"也"＋"不"の順　×我不也去

練習　中国語で言ってみよう。

(1) あなたも宿題をしますか。

(2) 彼女も図書館に行きません。

(3) 彼は中国語を勉強し、英語も勉強します。

4 省略疑問文の"呢"ne（〜は？）

她们是韩国人，你们**呢**？　Tāmen shì Hánguórén, nǐmen ne?

——我们是日本人。　—— Wǒmen shì Rìběnrén.

我看电视，你**呢**？　Wǒ kàn diànshì, nǐ ne?

——我看书。　—— Wǒ kàn shū.

練習1　"吗"か"呢"を使って空欄を埋め、日本語に訳してみよう。

(1) 我姓高桥，你（　　　　）?

(2) 你做作业（　　　　）?

練習2　中国語で言ってみよう。

(1) 私は本を買います、あなたは？

(2) 私たちはコーヒーを飲みますが、あなたたちは？

43

トレーニング

1 音声を聞いて、読まれた順に1〜4の数字を空欄に書き入れなさい。
次に全ての単語を日本語だけを見て正確に発音できるように練習しましょう。

(1) 食事をする （　）　(2) 飲み物を飲む（　）　(3) パンを買う　（　）

　　本を読む　　（　）　　　英語を学ぶ　（　）　　　学校に来る　（　）

　　宿題をする　（　）　　　中国語を学ぶ（　）　　　紅茶を飲む　（　）

　　食事を作る　（　）　　　買い物をする（　）　　　テレビを見る（　）

2 次のピンインを簡体字に直し、日本語に訳しなさい。

(1) Nǐmen chī shénme? —Wǒmen chī miànbāo.

　　簡体字 _____

　　和　訳 _____

(2) Wǒmen kàn diànshì, nǐ ne?

　　簡体字 _____

　　和　訳 _____

(3) Tāmen yě bù mǎi dōngxi.

　　簡体字 _____

　　和　訳 _____

第2課

3 次の下線部を問う疑問詞疑問文を簡体字とピンインで書きなさい。

例 她 姓 <u>高桥</u>。 　→ 　她 姓 <u>什么</u>?
　　Tā xìng Gāoqiáo. 　　Tā xìng shénme?

(1) 她 叫 <u>石井 萌</u>。 　→ 　簡体字 ....

　　Tā jiào Shíjǐng Méng. 　　ピンイン ....

(2) 他们 去 <u>便利店</u>。 　→ 　簡体字 ....

　　Tāmen qù biànlìdiàn. 　　ピンイン ....

(3) 她们 买 <u>书</u>。 　→ 　簡体字 ....

　　Tāmen mǎi shū. 　　ピンイン ....

(4) <u>田中</u> 是 公司 职员。 　→ 　簡体字 ....

　　Tiánzhōng shì gōngsī zhíyuán. 　　ピンイン ....

4 日文中訳

(1) あなたたちも日本に来ますか。

....

(2) あなたは何をしますか。 　──私は宿題をします。

....

(3) 彼女たちもフランスに行きません。

....

45

第 3 课
Dì sān kè

◆ まず覚えよう ◆　　　MP3 59

身の回りのモノ	□ 书包（カバン）shūbāo	□ 钱包（財布）qiánbāo	□ 手机（携帯電話）shǒujī
	□ 手表（腕時計）shǒubiǎo	□ 雨伞（傘）yǔsǎn	□ 眼镜（メガネ）yǎnjìng
学習グッズ	□ 电脑（パソコン）diànnǎo	□ 词典（辞書）cídiǎn	□ 课本（テキスト）kèběn
	□ 笔记本（ノート）bǐjìběn	□ 杂志（雑誌）zázhì	□ 橡皮（消しゴム）xiàngpí
	□ 笔（ペンなどの総称、書くもの）bǐ		

这是我的手机。（これは私の携帯電話です。）
Zhè shì wǒ de shǒujī.

那些是学校的杂志。（あれらは学校の雑誌です。）
Nàxiē shì xuéxiào de zázhì.

一言コーナー

这 是 什么？
Zhè shì shénme?

♠ 石井さんがラウンジで友達とおやつを食べていると、マイクがやって来ました。

麦克：这 是 什么？
　　　Zhè shì shénme?

石井：这 是 日本 杂志。
　　　Zhè shì Rìběn zázhì.

麦克：是 你 的 杂志 吗？
　　　Shì nǐ de zázhì ma?

石井：不 是，这些 都 是 我 朋友 的 杂志。
　　　Bú shì, zhèxiē dōu shì wǒ péngyou de zázhì.

麦克：这 是 谁 的 点心？
　　　Zhè shì shéi de diǎnxin?

石井：是 我 的，我们 一起 吃 吧。
　　　Shì wǒ de, wǒmen yìqǐ chī ba.

 北京通信 ❷　　　　　　　　　　　　　　　　　　　　携帯電話

　北京での留学生活で、まず用意すべきなのは携帯電話（手机 shǒujī）かもしれない。スマートフォン（智能手机 zhìnéng shǒujī）はいまや、生活必需品だ。友達との連絡はもちろん、タクシーを呼ぶときにも、通販や普段の買物の支払いにも、スマホのアプリ（应用软件 yìngyòng ruǎnjiàn）は大活躍である。焼き芋を売る屋台ですら、アプリを使い電子マネーで決済ができるほどだ。お釣りを用意する必要がないので、売る側にとっても便利なのである。ここで気を配りたいのはセキュリティ。生活に直結している分、携帯電話の管理には細心の注意を払いたいところだ。

ポイント 第3課

1 指示詞 (1)

MP3 61

近称	遠称	疑問
这　zhè (これ)	那　nà (それ、あれ)	哪　nǎ (どれ)
这个 zhège (zhèige) (この、これ)	那个 nàge (nèige) (その、それ、あの、あれ)	哪个 nǎge (něige) (どの、どれ)
这些 zhèxiē (zhèixiē) (これら)	那些 nàxiē (nèixiē) (それら、あれら)	哪些 nǎxiē (něixiē) (どれら)

这是课本。　　　Zhè shì kèběn.

那是词典。　　　Nà shì cídiǎn.

你买哪个？　　　Nǐ mǎi nǎge?

——我买这个。　　Wǒ mǎi zhège.

＊"这"、"那"、"哪"は単独では目的語になれない。　×我吃这。　○我吃这个。　○我吃这些。

練習　中国語で言ってみよう。

(1) これは教科書です。あれは雑誌です。

(2) それらは辞書ではありません。

(3) あなたはどれを食べますか。——私はあれを食べます。

2 助詞 "～的" de (～の…)

我的手机 wǒ de shǒujī　　你的电脑 nǐ de diànnǎo　　谁的雨伞 shéi de yǔsǎn

● 「的」が省略できる場合

① 人称代名詞＋親族名称　　　　我爸爸　wǒ bàba　　　　他姐姐 tā jiějie

② 人称代名詞＋親しい人間関係　我同学　wǒ tóngxué　　　她朋友 tā péngyou

③ 人称代名詞＋所属集団　　　　他们学校　tāmen xuéxiào
我们公司　wǒmen gōngsī

④ 熟語化したもの　　　　　　　中国朋友　Zhōngguó péngyou
英语老师　Yīngyǔ lǎoshī

48

P O I N T

`MP3` 62

練習 中国語で言ってみよう。

(1) 私のノート　　　　　(2) 彼女の父

(3) 中国語の先生　　　　(4) アメリカ人の友達

(5) 私たちの学校のパソコン　(6) 私の姉の本

3　副詞 "都" dōu（みな、全部、いずれも）── 動詞の前に置く

这些**都**是我的书。　　Zhèxiē dōu shì wǒ de shū.

他们**都**不是学生。　　Tāmen dōu bú shì xuésheng.　＊全体否定

你们**都**去中国吗？　　Nǐmen dōu qù Zhōngguó ma?

我们也**都**学汉语。　　Wǒmen yě dōu xué Hànyǔ.

＊"也" と "都" を一緒に使う場合："也都" の順。　×我们都也学汉语。

練習 中国語で言ってみよう。

(1) あなたたちはみなコーヒーを飲みますか。

(2) あれらはみな私の雑誌です。

(3) 私たちもみな飲み物を買います。

4　文末の語気助詞 "吧" ba

① 勧誘「〜しましょう」　　我们一起去**吧**。　　Wǒmen yìqǐ qù ba.

② 推量「〜でしょう」　　　他不是韩国人**吧**？　Tā bú shì Hánguórén ba?

③ 要請「〜しなさいよ」　　你也来学校**吧**。　　Nǐ yě lái xuéxiào ba.

練習 中国語で言ってみよう。

(1) 私たちは一緒にご飯を食べましょう。

(2) 彼は中国語の先生でしょう。

(3) あなたも宿題をしなさいよ。

49

トレーニング

1 音声を聞いて、読まれた順に1～4の数字を空欄に書き入れなさい。　　　MP3 63
次に全ての単語を日本語だけを見て正確に発音できるように練習しましょう。

(1) パン　　　（　　）　　(2) 腕時計　　（　　）　　(3) パソコン　（　　）

　　カバン　　（　　）　　　　携帯電話　（　　）　　　　テレビ　　（　　）

　　財布　　　（　　）　　　　傘　　　　（　　）　　　　消しゴム　（　　）

　　テキスト　（　　）　　　　メガネ　　（　　）　　　　辞書　　　（　　）

2 次の絵を見ながら質問に答え、会話を練習しましょう。

(1)　　　　(2)　　　　(3)　　　　(4)

Q1 Zhè shì shénme?　(1) _____ (2) _____

(3) _____ (4) _____

Q2 Zhè shì shéi de?　(1) _____ (2) _____

3 次のピンインを簡体字に直し、日本語に訳しなさい。

(1) Wǒ xué Hànyǔ, nǐ ne?

　　簡体字 _____

　　和　訳 _____

(2) Zhèxiē dōu shì wǒ péngyou de kèběn.

　　簡体字 _____

　　和　訳 _____

(3) Zánmen yìqǐ kàn diànshì ba.

　　簡体字 _____

　　和　訳 _____

50

4 日本語の意味になるように語句を並び替え、簡体字で書きなさい。

(1) 是 / 她 / lǎoshī / 不 / yě / Hànyǔ

⋯⋯⋯⋯⋯⋯⋯⋯⋯⋯⋯⋯⋯⋯⋯⋯⋯⋯⋯⋯⋯⋯⋯⋯⋯⋯⋯⋯⋯⋯⋯

（彼女も中国語の先生ではありません。）

(2) yě / 我们 / hóngchá / 喝 / dōu

⋯⋯⋯⋯⋯⋯⋯⋯⋯⋯⋯⋯⋯⋯⋯⋯⋯⋯⋯⋯⋯⋯⋯⋯⋯⋯⋯⋯⋯⋯⋯

（私たちもみな紅茶を飲みます。）

(3) shǒubiǎo / jiějie / 你 / yě / 这 / 是 / 吗 / de

⋯⋯⋯⋯⋯⋯⋯⋯⋯⋯⋯⋯⋯⋯⋯⋯⋯⋯⋯⋯⋯⋯⋯⋯⋯⋯⋯⋯⋯⋯⋯

（これもあなたのお姉さんの腕時計ですか。）

5 日文中訳

(1) あれらもあなたのノートですか。

⋯⋯⋯⋯⋯⋯⋯⋯⋯⋯⋯⋯⋯⋯⋯⋯⋯⋯⋯⋯⋯⋯⋯⋯⋯⋯⋯⋯⋯⋯⋯

(2) これは誰のパソコンですか。　──これは私の友人のパソコンです。

⋯⋯⋯⋯⋯⋯⋯⋯⋯⋯⋯⋯⋯⋯⋯⋯⋯⋯⋯⋯⋯⋯⋯⋯⋯⋯⋯⋯⋯⋯⋯

(3) 彼女たちもみな韓国人でしょう。

⋯⋯⋯⋯⋯⋯⋯⋯⋯⋯⋯⋯⋯⋯⋯⋯⋯⋯⋯⋯⋯⋯⋯⋯⋯⋯⋯⋯⋯⋯⋯

第4课
Dì sì kè

まず覚えよう

MP3 64

家族の言い方

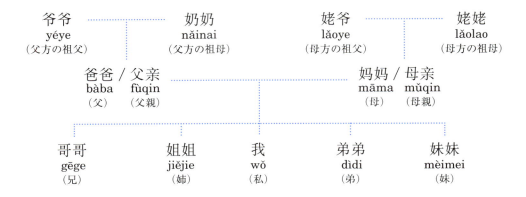

常用形容詞

- 多 duō ⇔ 少 shǎo
  (多い)　　(少ない)
- 大 dà ⇔ 小 xiǎo
  (大きい)　(小さい)
- 热 rè ⇔ 冷 lěng
  (暑い)　　(寒い)
- 贵 guì ⇔ 便宜 piányi
  (値段が高い)　(安い)
- 难 nán ⇔ 容易 róngyì
  (難しい)　　(易しい)
- 暖和 nuǎnhuo ⇔ 凉快 liángkuai
  (暖かい)　　　(涼しい)

我有弟弟，没有妹妹。（私は弟がいるが、妹はいない。）
Wǒ yǒu dìdi, méiyǒu mèimei.

这个很便宜。（これは安い。）
Zhège hěn piányi.

一言コーナー

52

我 有 妹妹。
Wǒ yǒu mèimei.

♠ マイクは石井さんのことなら何でも知りたいようです。

麦克： 你 有 兄弟 姐妹 吗？
　　　Nǐ yǒu xiōngdì jiěmèi ma?

石井： 我 有 妹妹。 你 看， 这 是 我 妹妹。
　　　Wǒ yǒu mèimei. Nǐ kàn, zhè shì wǒ mèimei.

麦克： 你 妹妹 真 漂亮！ 她 今年 多 大？
　　　Nǐ mèimei zhēn piàoliang! Tā jīnnián duō dà?

石井： 二十 岁。
　　　Èrshí suì.

麦克： 她 有 男朋友 吗？
　　　Tā yǒu nánpéngyou ma?

石井： 还 没有。
　　　Hái méiyǒu.

麦克： 是 吗？ 我 也 没有 女朋友。
　　　Shì ma? Wǒ yě méiyǒu nǚpéngyou.

53

ポイント 第**4**課

MP3 66

1　数字の言い方 (1)　(0〜99 の数字)

零 líng	一 yī	二 èr	三 sān	四 sì	五 wǔ	六 liù	七 qī	八 bā	九 jiǔ	十 shí
十一 shíyī	十二 shí'èr	十三 shísān	十四 shísì	十五 shíwǔ	十六 shíliù	十七 shíqī	十八 shíbā	十九 shíjiǔ	二十 èrshí	
二十一 èrshiyī	二十二 èrshi'èr …	三十 sānshí …	四十 sìshí …	五十 wǔshí …	六十 liùshí …	七十 qīshí …	八十 bāshí …	九十 jiǔshí …	九十九 jiǔshijiǔ	

＊ 21 から 99 までの数字の場合、真ん中の"十" shí は軽声 shi で発音する。

2　所有を表す"有" yǒu （〜を持っている）（〜がいる）

他**有**电脑。　　　Tā yǒu diànnǎo.

他**没有**电脑。　　Tā méiyǒu diànnǎo.

你**有**妹妹吗？　　Nǐ yǒu mèimei ma?

——**没有**。　　　—— Méiyǒu.

＊"有"の否定は"没有"を使い、"不有"とは言わない。

練習　中国語で言ってみよう。

(1) 私の（父方の）祖母は携帯電話を持っています。

(2) あなたは弟さんがいますか。

(3) 私は兄がいませんし、姉もいません。

3　形容詞述語文

我哥哥很**忙**。　　　　　Wǒ gēge hěn máng.

我的衣服不**贵**。　　　　Wǒ de yīfu bú guì.

今天的作业**多**吗？　　　Jīntiān de zuòyè duō ma?

——今天的作业不**多**。　—— Jīntiān de zuòyè bù duō.

＊形容詞述語文には"是"は使わず、形容詞はそのまま述語文となる。　×我哥哥是很忙。

＊肯定文には、"很"などの程度を表す副詞が必要。"很"は強く発音しない限り、「とても」の意味がない。

＊"很","真"などの程度を表す副詞がなければ比較・対照の意味になる。　这个贵，那个便宜。

54

MP3 67

● その他の程度を表す副詞

非常	fēicháng	（非常に）	汉语**非常**难。	Hànyǔ fēicháng nán.
真	zhēn	（本当に）	汉语**真**难。	Hànyǔ zhēn nán.
比较	bǐjiào	（比較的）	汉语**比较**难。	Hànyǔ bǐjiào nán.
不太	bú tài	（あまり～でない）	汉语**不太**难。	Hànyǔ bú tài nán.

● 疑問詞 "**怎么样**" zěnmeyàng（どうですか、いかがですか）

她的汉语**怎么样**？　　　Tā de Hànyǔ zěnmeyàng?

——她的汉语不太好。　　—— Tā de Hànyǔ bú tài hǎo.

＊"是" は不要。　×她的汉语是怎么样？

練習　次の質問を隣の人にして答えてもらいましょう。

⑴　你 忙 吗？
　　Nǐ máng ma?

⑵　今天 热 吗？
　　Jīntiān rè ma?

⑶　你 的 电脑 怎么样？
　　Nǐ de diànnǎo zěnmeyàng?

4　年齢の言い方・尋ね方

● 年齢の言い方

我十九岁，不是二十岁。　Wǒ shíjiǔ suì, bú shì èrshí suì.

＊肯定の場合は "是" を省略できる。否定の場合は "是" を省略できない。

● 年齢の尋ね方

你多大？　　　　　　　　Nǐ duō dà?　　　　　　　　　＊同世代や自分より年下の人の場合

——二十一岁。　　　　　—— Èrshiyī suì.

你爸爸多大年纪/岁数？　Nǐ bàba duō dà niánjì/suìshu?　＊目上の人、年配の人の場合

——五十四岁。　　　　　—— Wǔshisì suì.

他弟弟几岁？　　　　　　Tā dìdi jǐ suì?　　　　　　　　＊9歳以下の子供の場合

——七岁。　　　　　　　—— Qī suì.

55

トレーニング

1 音声を聞いて、読まれた順に1〜4の数字を空欄に書き入れなさい。 **MP3** 68
次に全ての単語を日本語だけを見て正確に発音できるように練習しましょう。

(1) 96 (　　) (2) 14歳 (　　) (3) 姉 (　　) (4) 父方の祖父 (　　)

24 (　　) 41歳 (　　) 兄 (　　) 父方の祖母 (　　)

57 (　　) 40歳 (　　) 妹 (　　) 母方の祖父 (　　)

81 (　　) 11歳 (　　) 弟 (　　) 母方の祖母 (　　)

2 音声を聞いて形容詞を簡体字で書き取り、次にその反対語を書きなさい。 **MP3** 69

例　　小　　⇔　　大

(1) ＿＿＿＿＿ ⇔ ＿＿＿＿＿ (2) ＿＿＿＿＿ ⇔ ＿＿＿＿＿

(3) ＿＿＿＿＿ ⇔ ＿＿＿＿＿ (4) ＿＿＿＿＿ ⇔ ＿＿＿＿＿

3 次のピンインを簡体字に書き直し、日本語に訳しなさい。

(1) Wǒ māma jīnnián wǔshi'èr suì. Tā hěn máng.

簡体字 ....

和　訳 ....

(2) Yīngyǔ bù nán, hěn róngyì.

簡体字 ....

和　訳 ....

(3) Wǒ méiyǒu xiōngdì jiěmèi, nǐ ne?

簡体字 ....

和　訳 ....

4 日本語の意味になるように語句を並び替え、簡体字で書きなさい。

(1) gēge ／ 没有 ／ 也 ／ cídiǎn ／ 我

....

（私の兄も辞書を持っていません。）

(2) bàba ／ 年纪 ／ 你 ／ duō dà

....

（あなたのお父さんはおいくつでいらっしゃいますか。）

(3) yǎnjìng ／ 太 ／ guì ／ 的 ／ 不 ／ 我

....

（私のメガネはあまり高くありません。）

5 日文中訳

(1) 今日は暑くありません、涼しいです。

....

(2) 私の宿題は非常に多いです、あなたは？

....

(3) 私の兄は今年28歳です。彼は中国語の教師です。

....

第 5 课
Dì wǔ kè

まず覚えよう

MP3 70

量詞

量詞	カテゴリー	対象となる名詞	
个 ge	広く個体について	一 个 人（人） yí ge rén	两 个 苹果（リンゴ） liǎng ge píngguǒ
本 běn	書物など	一 本 书（本） yì běn shū	两 本 词典（辞書） liǎng běn cídiǎn
张 zhāng	平面が目立つもの	一 张 票（切符） yì zhāng piào	两 张 桌子（テーブル） liǎng zhāng zhuōzi
件 jiàn	衣服・事柄など	一 件 衣服（服） yí jiàn yīfu	两 件 毛衣（セーター） liǎng jiàn máoyī
双 shuāng	ペアのもの	三 双 鞋（靴） sān shuāng xié	四 双 筷子（箸） sì shuāng kuàizi
只 zhī	小動物	五 只 猫（猫） wǔ zhī māo	六 只 狗（犬） liù zhī gǒu
台 tái	機器・機械など	七 台 电视（テレビ） qī tái diànshì	八 台 相机（カメラ） bā tái xiàngjī
辆 liàng	車両など	九 辆 汽车（車） jiǔ liàng qìchē	十 辆 自行车（自転車） shí liàng zìxíngchē

我有一台相机。（私はカメラを一台もっています。）
Wǒ yǒu yì tái xiàngjī.

这辆自行车多少钱？（この自転車はおいくらですか。）
Zhè liàng zìxíngchē duōshao qián?

一言コーナー

多少 钱？
Duōshao qián?

♠ マイクは店でTシャツを見ています。

老板： 欢迎 光临。 您 要 什么？
lǎobǎn: Huānyíng guānglín. Nín yào shénme?

麦克： 请问, 这 件 T恤 多少 钱？
Qǐngwèn, zhè jiàn Txù duōshao qián?

老板： 一百 三十 块。
Yìbǎi sānshí kuài.

麦克： 太 贵 了！
Tài guì le!

老板： 那 件 比 这 件 便宜 三十 块。 怎么样？
Nà jiàn bǐ zhè jiàn piányi sānshí kuài. Zěnmeyàng?

麦克： 不错！ 我 要 两 件。
Búcuò! Wǒ yào liǎng jiàn.

北京通信 ❸ 　　　　　　　　　　　　　北京の若者文化

　故宮の北西、南鑼鼓巷や什刹海、鼓楼あたりの一帯には、かつて北京を縦横に覆っていた胡同とよばれる古風な路地がまだ残っている。都市開発でほとんど消滅しつつある古き良き北京（老北京）の雰囲気をまだ味わえるこの界隈、実は若者文化の発信地でもある。伝統的な住宅である四合院を改造したカフェやレストラン、個性的な雑貨屋、MAO、愚公移山、蝸牛 de 家、69CAFE などのライブハウス、北京で最初の民間ミニシアターである蓮蒿劇場──カメラを片手に風情ある街並みを歩き回れば、気になる店がきっと見つかるはずだ。

ポイント 第5課

MP3 72

1 量詞・ものの数え方

● [数詞＋量詞＋人・もの]

一双鞋　　　yì shuāng xié

两张桌子　　liǎng zhāng zhuōzi

十个学生　　shí ge xuésheng

● [指示詞（＋数詞）＋量詞＋人・もの]

这台相机　　zhè tái xiàngjī

那三本书　　nà sān běn shū

哪件毛衣　　nǎ jiàn máoyī

我有两张票。　　　　Wǒ yǒu liǎng zhāng piào.

那辆自行车是我哥哥的。 Nà liàng zìxíngchē shì wǒ gēge de.

* 数字 "2" → 　数量を表す時は "两" liǎng　○两本书　×二本书

　　　　　　　順序を表す時は "二" èr　○二月、第二课　×两月、第两课

* "这些"、"那些" の場合、数・量詞をつけない。　○这些书　×这些本书、那些三本书

練習　例にならって量詞を用いて数えてみよう。

例：セーター（2枚）→ 两件毛衣

（1）りんご（1個）　　（2）服（2着）　　（3）雑誌（5冊）　　（4）自動車（あの2台）

2 "几" jǐ と "多少" duōshao （どのくらい）

几个人 jǐ ge rén　　　多少（个）学生 duōshao (ge) xuésheng

你有几个中国朋友？　　Nǐ yǒu jǐ ge Zhōngguó péngyou?

——我有两个中国朋友。　—— Wǒ yǒu liǎng ge Zhōngguó péngyou.

他家有几口人？　　　　Tā jiā yǒu jǐ kǒu rén?

——他家有三口人。　　—— Tā jiā yǒu sān kǒu rén.

你弟弟有多少（本）漫画？ Nǐ dìdi yǒu duōshao (běn) mànhuà?

——他有五十本。　　　—— Tā yǒu wǔshí běn.

* 几　→答えに10以下の数字を予想。　○几个学生　×几学生

　多少→数の制限がなく、後ろの量詞は省略できる。　○多少（个）学生

練習　右の答えを参考に、"几" と "多少" のいずれかを空欄に記入しよう。

（1）你家有（　　　）口人？　　——我家有六口人。

（2）你们班有（　　　）学生？　——有四十个学生。　★班 bān（クラス）

（3）你们买（　　　）张票？　　——我们买三张。

P O I N T

MP3 73

3 比較の表現 "比" bǐ

● ［A ＋ 比 ＋ B ＋ 形容詞（＋ 差量）］ （AはBより～だ）

北京**比**东京冷。 Běijīng bǐ Dōngjīng lěng.

这台相机**比**那台相机便宜。 Zhè tái xiàngjī bǐ nà tái xiàngjī piányi.

爸爸**比**妈妈大几岁？ Bàba bǐ māma dà jǐ suì?

——爸爸**比**妈妈大两岁。 —Bàba bǐ māma dà liǎng suì.

　＊比較の時は形容詞に"很"をつけない。　×她比我很小。

● ［A ＋ 没有 ＋ B ＋ 形容詞］ （AはBほど～でない）

汉语**没有**英语难。 Hànyǔ méiyǒu Yīngyǔ nán.

这个点心**没有**那个点心贵。 Zhège diǎnxin méiyǒu nàge diǎnxin guì.

　＊×汉语比英语不难。

練習　中国語で言ってみよう。

（1）姉は私より五歳年上です。　　（2）私のパソコンはあなたのほど高くない。

4 値段の尋ね方

这个**多少钱**？ Zhège duōshao qián?

——六十八块。 — Liùshíbā kuài.

	主な通貨	
日元	Rìyuán	（日本円）
美元	Měiyuán	（米国ドル）
人民币	Rénmínbì	（人民元）

人民元の単位：　1元 yuán ＝ 10 角 jiǎo ＝ 100 分 fēn〈書き言葉〉
　　　　　　　　1 块 kuài ＝ 10 毛 máo ＝ 100 分 fēn〈話し言葉〉

練習　中国語で言ってみよう。

（1）46 元　　　（2）5,000 円　　　（3）この靴はいくらですか。——300 元です。

数字の言い方⑵ （100以上の数字）

100	**一百**	yìbǎi	1,000	**一千**	yìqiān
105	一百零五	yìbǎi líng wǔ	1,005	一千零五	yìqiān líng wǔ
110	一百一（十）	yìbǎi yī (shí)	1,050	一千零五十	yìqiān líng wǔshí
150	一百五（十）	yìbǎi wǔ (shí)	1,500	一千五（百）	yìqiān wǔ(bǎi)
200	二百／两百	èrbǎi/liǎngbǎi	2,000	两千	liǎngqiān

＊"一百"、"一千"にも "一" が必要。また "0" が間に複数あっても "零" 一つで表す。

＊一百五（十）／一千五（百）の場合、最後の桁数を省略できる。

61

トレーニング

1 音声を聞いて、読まれた順に1〜4の数字を空欄に書き入れなさい。　　MP3 74
次に全ての単語を日本語だけを見て正確に発音できるように練習しましょう。

(1)　カメラ一台　　（　　　）　　(2)　靴二足　　　　　（　　　）　　(3) 108（　　　）

　　自転車一台　　（　　　）　　　　犬二匹　　　　　（　　　）　　　180（　　　）

　　セーター一着　（　　　）　　　　本二冊　　　　　（　　　）　　　1008（　　　）

　　テレビ一台　　（　　　）　　　　チケット二枚　　（　　　）　　　1080（　　　）

2 音声を聞いて空欄を埋め、家族の紹介を完成しなさい。　　MP3 75

我家有（¹　　　　　）（²　　　　　）人。有（³　　　　）、（⁴　　　　　）、

（⁵　　　　）（⁶　　　　　）弟弟和我。

我家还有（⁷　　　　）（⁸　　　　　）狗。　　★和 hé（〜と）　★还 hái（さらに）

3 空欄を埋めるのに最も適切な量詞を下の囲みから選び、簡体字で記入しなさい。

一 [　　　　　] 苹果　　　　　五 [　　　　　] 猫

两 [　　　　　] 毛衣　　　　　六 [　　　　　] 汽车

三 [　　　　　] 电脑　　　　　七 [　　　　　] 词典

四 [　　　　　] 筷子　　　　　八 [　　　　　] 桌子

　　　tái　　zhī　　zhāng　　jiàn　　shuāng　　běn　　ge　　liàng

4 イラストの内容に基づいて"比"や"没有"を用いた比較の文を作りなさい。

(1)　(2)　(3)

(1)　"比"を用いて　　英语 ....

　　　　　　　　　　↓

　　"没有"を用いて　汉语 ....

(2)　"比"を用いて　　毛衣 ....

　　　　　　　　　　↓

　　"没有"を用いて　T恤 ....

(3)　"比"を用いて　　爸爸 ....

　　　　　　　　　　↓

　　"没有"を用いて　妈妈 ....

5 日文中訳

(1)　このテレビは高すぎます。私はいりません。

....

(2)　あなたは何枚チケットをもっているのですか。 私も行きます。

....

(3)　このカバンはあのカバンよりきれいです。
　　しかし（不过 búguò）あのカバンより10元高いです。

....

第 6 课
Dì liù kè

まず覚えよう

時刻

1:00	2:00	3:00	4:00	5:00	6:00
一 点 yì diǎn	两 点 liǎng diǎn	三 点 sān diǎn	四 点 sì diǎn	五 点 wǔ diǎn	六 点 liù diǎn
7:00	8:00	9:00	10:00	11:00	12:00
七 点 qī diǎn	八 点 bā diǎn	九 点 jiǔ diǎn	十 点 shí diǎn	十一 点 shíyī diǎn	十二 点 shí'èr diǎn

一日の行動

早上（朝） zǎoshang	☐ 起床（起きる） qǐchuáng	☐ 吃 早饭（朝ご飯を食べる） chī zǎofàn
上午（午前） shàngwǔ	☐ 去 学校（学校に行く） qù xuéxiào	☐ 上课（授業を受ける） shàngkè
中午（昼） zhōngwǔ	☐ 去 食堂（食堂に行く） qù shítáng	☐ 吃 午饭（昼ご飯を食べる） chī wǔfàn
下午（午後） xiàwǔ	☐ 下课（授業が終わる） xiàkè	☐ 回家（家に帰る） huíjiā
晚上（夜） wǎnshang	☐ 吃 晚饭（晩ご飯を食べる） chī wǎnfàn ☐ 洗澡（入浴する） xǐzǎo	☐ 做 作业（宿題をする） zuò zuòyè ☐ 睡觉（寝る） shuìjiào

我早上六点起床。
Wǒ zǎoshang liù diǎn qǐchuáng.
（私は朝6時に起きる。）

一言コーナー

> **本文**

我 请客。
Wǒ qǐngkè.

♠ マイクは思い切って石井さんに誕生日がいつか聞いてみました。

麦克：你 的 生日 几 月 几 号？
　　　Nǐ de shēngrì jǐ yuè jǐ hào?

石井：七月 十 号。
　　　Qīyuè shí hào.

麦克：后天！ 那 咱们 一起 去 吃饭 吧。
　　　Hòutiān! Nà zánmen yìqǐ qù chīfàn ba.

石井：太 好 了！
　　　Tài hǎo le!

麦克：你 想 吃 什么？
　　　Nǐ xiǎng chī shénme?

石井：我 想 吃 意大利菜。
　　　Wǒ xiǎng chī Yìdàlìcài.

麦克：没 问题， 我 请客。
　　　Méi wèntí, wǒ qǐngkè.

ポイント 第6課

MP3 78

1 年月日・曜日の言い方

年	一九九八 年 yī jiǔ jiǔ bā nián		二〇一八 年 èr líng yī bā nián		二〇二〇 年 èr líng èr líng nián
月	一月 yīyuè	二月 èryuè	三月 … 十月 sānyuè shíyuè	十一月 shíyīyuè	十二月 shí'èryuè
日	一 号 yī hào	二 号 … 十 号 … èr hào shí hào	二十 号 … èrshí hào	三十 号 sānshí hào	三十一 号（日） sānshíyī hào(rì)
曜日	星期一 xīngqīyī	星期二 星期三 xīngqī'èr xīngqīsān	星期四 星期五 xīngqīsì xīngqīwǔ	星期六 xīngqīliù	星期天 / 星期日 xīngqītiān/xīngqīrì

＊日付の場合、"～号"または"～日"いずれも言えるが、一般的に前者は話し言葉、後者は書き言葉。
＊日付・時刻を述べる時は"是"を省略できるが、否定文の時は"是"を省略できない。

今天（是）六月一号。 　　　　　　Jīntiān (shì) liùyuè yī hào.

明天不是星期二，是星期三。 　　 Míngtiān bú shì xīngqī'èr, shì xīngqīsān.

你的生日（是）几月几号？ 　　　　Nǐ de shēngrì (shì) jǐ yuè jǐ hào?

—— 十二月二十五号。 　　　　　 —— Shí'èryuè èrshiwǔ hào.

今天（是）星期几？ 　　　　　　　Jīntiān (shì) xīngqī jǐ?

2 時刻の言い方

2:15 两点一刻 / 两点十五分 　　liǎng diǎn yí kè / liǎng diǎn shíwǔ fēn

2:30 两点半 / 两点三十分 　　　liǎng diǎn bàn / liǎng diǎn sānshí fēn

2:45 两点三刻 / 两点四十五分 　liǎng diǎn sān kè / liǎng diǎn sìshiwǔ fēn

2:50 差十分三点 / 两点五十分 　chà shí fēn sān diǎn / liǎng diǎn wǔshí fēn

＊「2時」の場合は、〇两点 ×二点

现在几点？ Xiànzài jǐ diǎn? 　　——八点一刻。—— Bā diǎn yí kè.

●時点を表す言葉は動詞の前に置く

我九点上课，十点半下课。 　Wǒ jiǔ diǎn shàngkè, shí diǎn bàn xiàkè. 　×我上课九点。

你们明天什么时候来学校？ 　Nǐmen míngtiān shénme shíhou lái xuéxiào?

—— 下午一点。 　　　　　　 —— Xiàwǔ yì diǎn.

練習 次の質問を隣の人にして答えてもらいましょう。

(1) 明天 星期 几？ 　　(2) 你 的 生日 几月 几号？ 　　(3) 你 今天 几 点 下课？
Míngtiān xīngqī jǐ? 　　　Nǐ de shēngrì jǐ yuè jǐ hào? 　　　Nǐ jīntiān jǐ diǎn xiàkè?

66

POINT

MP3 79

3 助動詞⑴ "想" xiǎng (〜したい) ——動詞の前に置き、願望を表す

我想喝咖啡，**不**想喝茶。	Wǒ xiǎng hē kāfēi, bù xiǎng hē chá.
你**想**回家吗？	Nǐ xiǎng huíjiā ma?
——我**想**回家。	—— Wǒ xiǎng huíjiā.
我吃面包，你**想**吃什么？	Wǒ chī miànbāo, nǐ xiǎng chī shénme?
——我也**想**吃面包。	—— Wǒ yě xiǎng chī miànbāo.

＊副詞"不"、"也"などがある場合、助動詞"想"の前に置く。

練習 次の質問を隣の人にして答えてもらいましょう。

⑴ 你 想（① 喝 茶 ② 看 书 ③ 买 衣服）吗？
　　Nǐ xiǎng 　hē chá 　 kàn shū 　 mǎi yīfu 　 ma?

⑵ 你想去哪儿？ Nǐ xiǎng qù nǎr?

⑶ 你现在想做什么？ Nǐ xiànzài xiǎng zuò shénme?

4 連動文 ——動作の行われる順に動詞を並べていく文（＝プロセス順）

我妈妈想**去买**东西。	Wǒ māma xiǎng qù mǎi dōngxi.
我星期天**去**她家**吃**晚饭，你也去吗？	Wǒ xīngqītiān qù tā jiā chī wǎnfàn, nǐ yě qù ma?
他明天**不来**学校**上课**。	Tā míngtiān bù lái xuéxiào shàngkè.

＊"不"の位置に注意。×他明天来学校不上课

練習 中国語で言ってみよう。

⑴ 私の姉は来年中国へ中国語を勉強しに行きます。

⑵ 私たちは図書館へ宿題をしに行きましょう。

67

トレーニング

1 音声を聞いて、読まれた順に1〜4の数字を空欄に書き入れなさい。　　　MP3 80
次に全ての単語を日本語だけを見て正確に発音できるように練習しましょう。

(1) 夜　　　　　（　　）　　(2) 起きる　　　　　　（　　）
　　朝　　　　　（　　）　　　　寝る　　　　　　　（　　）
　　午前　　　　（　　）　　　　朝ごはんを食べる　（　　）
　　午後　　　　（　　）　　　　昼ごはんを食べる　（　　）

(3) 授業を受ける（　　）
　　授業が終わる（　　）
　　家に帰る　　（　　）
　　入浴する　　（　　）

2 音声を聞いて、発音された年月日と時刻を書き取りなさい。　MP3 81

(1) ①＿＿＿＿＿＿＿＿＿＿＿　　②＿＿＿＿＿＿＿＿＿＿＿

(2) ①＿＿＿＿＿＿＿＿＿＿＿　　②＿＿＿＿＿＿＿＿＿＿＿

(3) ①＿＿＿＿＿＿＿＿＿＿＿　　②＿＿＿＿＿＿＿＿＿＿＿

3 右Aの下線部を問う疑問詞疑問文Qをつくり、隣の人と会話してみましょう。

例　Q: 他想去<u>哪儿</u>？　　　　　　A: 他想去<u>北京</u>。

(1) Q: ＿＿＿＿＿＿＿＿＿＿？　　A: 今天<u>六月二号</u>。

(2) Q: ＿＿＿＿＿＿＿＿＿＿？　　A: 现在<u>四点十分</u>。

(3) Q: ＿＿＿＿＿＿＿＿＿＿？　　A: 明天<u>星期四</u>。

(4) Q: ＿＿＿＿＿＿＿＿＿＿？　　A: 他今年<u>八月</u>去中国。

4 日本語の意味になるように語句を並び替え、簡体字で書きなさい。

(1) 我 / 你 / 家 / 吃 / shénme / fàn / shíhou / 来

          （あなたはいつ私のうちにご飯を食べに来ますか。）

(2) zhuōzi / 这 / xiǎng / 我 / mǎi / 也 / 张

          （私もこのテーブルを買いたい。）

(3) bǐ / piányi / 这 / 那 / 鞋 / 鞋 / 双 / 双 / shí kuài

          （この靴はあの靴より10元安い。）

5 日文中訳

(1) あなたは今日何時に授業が始まり、何時に授業が終わりますか。

(2) あなたは何が飲みたいですか？　―― 私は紅茶が飲みたいです。

(3) 私たちは土曜日に一緒に昼ご飯を食べに行きましょう。私がご馳走します。

第 7 课
Dì qī kè

まず覚えよう

MP3 82

場所

指示詞(2)

ここ	そこ・あそこ	どこ
这儿 zhèr	那儿 nàr	哪儿 nǎr
这里 zhèli	那里 nàli	哪里 nǎli

よく行くところ

- 房间（部屋）
  fángjiān
- 教室（教室）
  jiàoshì
- 洗手间（トイレ）
  xǐshǒujiān
- 超市（スーパーマーケット）
  chāoshì
- 电影院（映画館）
  diànyǐngyuàn
- 餐厅（レストラン）
  cāntīng
- 公园（公園）
  gōngyuán
- 酒店（ホテル）
  jiǔdiàn
- 银行（銀行）
  yínháng
- 邮局（郵便局）
  yóujú
- 车站（駅）
  chēzhàn
- 机场（空港）
  jīchǎng

他在车站。（彼は駅にいる。）
Tā zài chēzhàn.

妈妈在超市买东西。（母はスーパーマーケットで買い物をする。）
Māma zài chāoshì mǎi dōngxi.

一言コーナー

70

洗手间 在 哪儿？
Xǐshǒujiān zài nǎr?

▲ 石井さんの誕生日ディナー、マイクは中国語で料理を注文できるでしょうか。

服务员： 这 是 菜单， 你们 吃 什么？
Fúwùyuán: Zhè shì càidān, nǐmen chī shénme?

麦克： 要 一 个 比萨饼， 一 个 意大利面。
Yào yí ge bǐsàbǐng, yí ge Yìdàlìmiàn.

服务员： 要 不 要 饮料？
Yào bu yào yǐnliào?

麦克： 要 两 杯 可乐。
Yào liǎng bēi kělè.

石井： 请问， 这儿 有 洗手间 吗？
Qǐngwèn, zhèr yǒu xǐshǒujiān ma?

服务员： 这儿 没有， 洗手间 在 外边。
Zhèr méiyǒu, xǐshǒujiān zài wàibian.

北京通信 ❹   北京の外食事情

　北京の外食といえば羊肉のしゃぶしゃぶの東来順、北京ダッグの全聚徳といった老舗が思い浮かぶが、いまや肯德基（kěndéjī ケンタッキー）、麦当劳（màidāngláo マクドナルド）、星巴克（xīngbākè スターバックス）、吉野家など、世界中のフランチャイズが軒を連ね、食生活もすっかり多様になった。本場中華料理も負けてはいない、真功夫、呷哺呷哺、西少爺などの外食チェーンが、個性的なメニューでしのぎを削る。中国では殆どの店でテイクアウトが可能、アプリを利用した出前代行サービス（外卖 wàimài）も便利だ。家に居ながらにして美食を味わえるのも北京の魅力かもしれない。

ポイント **第7課**

MP3 84

1 存在の表現 ——"有"yǒu と "在"zài

● 有（～に～がある／いる）——［場所＋有/没有＋（不特定の）人・もの］

桌子上**有**两台电脑。　　　　　Zhuōzi shang yǒu liǎng tái diànnǎo.

电影院对面**有**一家银行。　　　Diànyǐngyuàn duìmiàn yǒu yì jiā yínháng.

学校附近**有**邮局吗？　　　　　Xuéxiào fùjìn yǒu yóujú ma?

——**没有**。　　　　　　　　　　——Méiyǒu.

● 在（～は～にある／いる）——［（特定の）人・もの＋在/不在＋場所］

我的自行车**在**外边。　　　　　Wǒ de zìxíngchē zài wàibian.

学生们都**在**教室里。　　　　　Xuéshengmen dōu zài jiàoshì li.

他现在**在**车站吗？　　　　　　Tā xiànzài zài chēzhàn ma?

——他**不在**车站，**在**机场。　——Tā bú zài chēzhàn, zài jīchǎng.

練習 空欄に"有"と"在"のいずれかで埋め、日本語に訳してみよう。

(1) 我爸爸（　　　　）北京。　　　(2) 我的电脑（　　　　）哪儿？

(3) 超市旁边（　　　　）一个公园。　(4) 你明天（　　　　）家吗？

(5) 房间里（　　　　）什么？

方位詞

□上边 (上) —下边 (下)　　　　□里边 (中) —外边 (外)
　shàngbian　　xiàbian　　　　　lǐbian　　　wàibian

□前边 (前) —后边 (後ろ)　　　　□左边 (左) —右边 (右)
　qiánbian　　hòubian　　　　　 zuǒbian　　yòubian

□旁边 (隣)　　　　　　　　　　　□对面 (向かい側)
　pángbiān　　　　　　　　　　　 duìmiàn

＊方位詞は名詞の後ろにつき、または単独でも使える。　［名詞＋（的）＋方位詞］

＊"上边""里边"は名詞の後につく場合、しばしば"边"が省略される。

　　桌子上边 → 桌子上　　房间里边 → 房间里

POINT

MP3 85

2　前置詞(1)　"在"zài（〜で）

我**在**图书馆做作业。　　Wǒ zài túshūguǎn zuò zuòyè.

我今天晚上**不在**家吃饭。　Wǒ jīntiān wǎnshang bú zài jiā chīfàn.

我想**在**那儿买东西。　　Wǒ xiǎng zài nàr mǎi dōngxi.

＊否定の場合、"不"は一般に"在"の前に置く。

練習　中国語で言ってみよう。

（1）兄は大学で中国語を勉強します。

（2）私は家でテレビを見たい。

（3）あなたたちは昼どこでご飯を食べますか。

3　反復疑問文　——［肯定＋否定］

●動詞　　　他**是不是**日本人？　　　Tā shì bu shì Rìběnrén?

　　　　　这里**有没有**比萨饼？　　Zhèli yǒu méiyǒu bǐsàbǐng?

　　　　　你们**喝不喝**咖啡？　　　Nǐmen hē bu hē kāfēi?

　　　　　他今天晚上**在不在**家？　Tā jīntiān wǎnshang zài bu zài jiā?

●形容詞　　这件衣服**好不好**？　　Zhè jiàn yīfu hǎo bu hǎo?

●助動詞　　你**想不想**去看电影？　Nǐ xiǎng bu xiǎng qù kàn diànyǐng?

＊反復疑問文は文末に"吗"をつけない。副詞"也""都""很"もつけない。
　×你去不去吗？／×你也去不去？／×你们都去不去？／×这本书很好不好？

練習　左の疑問文を反復疑問文に直してみよう。

（1）你是留学生吗？　　→

（2）他有女朋友吗？　　→

（3）你今天晚上在家吗？　→

（4）你想吃意大利菜吗？　→

73

トレーニング

1 音声を聞いて、読まれた順に1〜4の数字を空欄に書き入れなさい。　　　　**MP3** 86
次に全ての単語を日本語だけを見て正確に発音できるように練習しましょう。

(1) 銀行　　（　　　）　(2) スーパー　　（　　　）　(3) 上（　　　）

　　郵便局（　　　）　　　レストラン（　　　）　　　下（　　　）

　　空港　（　　　）　　　トイレ　　（　　　）　　　左（　　　）

　　駅　　（　　　）　　　ホテル　　（　　　）　　　右（　　　）

2 音声を聞いて「誰がどこで、何をする」を線で結び、それぞれの文を簡体字で書きなさい。　**MP3** 87

(1) 弟　　　　　・　　　・ 教室　　・　　　・ パンを食べる

(2) 彼ら　　　・　　　・ 公園　　・　　　・ 授業を受ける

(3) マイク　・　　　・ 食堂　　・　　　・ 漫画を読む

(4) 石井　　　・　　　・ 図書館　・　　　・ 本を読む

(1) ....　(2) ....

(3) ....　(4) ....

3 ピンインを簡体字に直し、日本語に訳しなさい。

(1) Zhuōzi shang yǒu liǎng běn cídiǎn.

　　簡体字 ....

　　和　訳 ....

(2) Yóujú zài nǎr?　—Yóujú zài jiǔdiàn duìmiàn.

　　簡体字 ....

　　和　訳 ....

(3) Chēzhàn qiánbian yǒu méiyǒu yínháng?

　　簡体字 ....

　　和　訳 ....

4 日本語を参考に、空欄に適切な中国語を記入して文を完成しなさい。

(1) 这儿（　　　　）（　　　　）（　　　　）比萨饼？
ここにピザがありますか。

(2) 洗手间（　　　　）教室（　　　　）（　　　　）。
トイレは教室の左側にあります。

(3) 你的书（　　　　）（　　　　）桌子（　　　　），（　　　　）书包（　　　　）。
あなたの本は机の上にありません。カバンの中にあります。

(4) 我（　　　　）买词典，你（　　　　）（　　　　）（　　　　）买？
私は辞書を買いたい。あなたは買いたいですか。

5 日文中訳

(1) 部屋の中には人がいません。

....

(2) 私はパスタを食べたいが、あなたは食べますか。（反復疑問文を使う）

....

(3) コンビニはどこにありますか。　── 学校の向かい側にあります。

....

総復習 I　　▶第1課～第7課

1 左の中国語と声調の組み合わせが異なるものを①～③から一つ選びなさい。

(1) 今年　　　① 英国　　② 车站　　③ 中国

(2) 哥哥　　　① 衣服　　② 东西　　③ 朋友

(3) 汉语　　　① 电视　　② 日本　　③ 电影

(4) 面包　　　① 汽车　　② 杂志　　③ 菜单

(5) 请客　　　① 手机　　② 饮料　　③ 可乐

2 空欄を埋めるのに最も適切なものを①～④から一つ選び、文を完成しなさい。

(1) 我（　　　　）石井萌。

　　　① 在　　② 姓　　③ 叫　　④ 有

(2) 我学汉语，你学（　　　　）?

　　　① 什么　　② 谁　　③ 哪儿　　④ 多少

(3) 你家附近（　　　　）公园吗？

　　　① 是　　② 在　　③ 去　　④ 有

(4) 我没有哥哥，（　　　　）没有姐姐。

　　　① 都　　② 也　　③ 是　　④ 想

(5) 弟弟想买一（　　　　）自行车。

　　　① 本　　② 只　　③ 辆　　④ 件

(6) 你想（　　　　）想去吃意大利菜？

　　　① 真　　② 很　　③ 都　　④ 不

76

3 空欄を埋める動詞を下の囲みから選び、簡体字でフレーズを書きなさい。

(1) (　　　　　　) miànbāo　→　簡体字 ....

(2) (　　　　　　) shítáng　→　..

(3) (　　　　　　) kělè　→　..

(4) (　　　　　　) Yīngyǔ　→　..

(5) (　　　　　　) dōngxi　→　...

(6) (　　　　　　) diànyǐng　→　...

(7) (　　　　　　) zuòyè　→　...

hē	kàn	qù	chī	mǎi	zuò	xué

4 日本語の意味になるように語句を並び替え、簡体字で書きなさい。

(1) liàng / 汽车 / 那儿 / 一 / yǒu

....

（そこに一台の車があります。）

(2) 我家 / xīngqītiān / 朋友们 / chīfàn / 来

....

（友人たちは日曜日私の家へ食事に来ます。）

(3) dà / bǐ / gēge / 我 / 四岁

....

（兄は私より四歳年上です。）

(4) zhāng / 你 / 桌子 / zài / 的 / 眼镜 / nà / 上

....

（あなたのメガネはあの机の上にあります。）

(5) 不 / jiā / 我 / wǎnshang / 做作业 / zài / 今天

....

（私は今晩家で宿題をしません。）

5 日本語を参考に中国語の誤りを直しなさい。

(1) 我吃面包，你吗？ （私はパンを食べます。あなたは？）

(2) 她不也去英国。 （彼女もイギリスに行きません。）

(3) 他是美国人留学生。 （彼はアメリカ人の留学生です。）

(4) 我不有女朋友。 （私はガールフレンドがいません。）

(5) 我不二十岁，十九岁。 （私は二十歳ではなく、十九歳です。）

(6) 这也你的雨伞吗？ （これもあなたの傘ですか。）

(7) 那些本杂志都也是我的。 （あれらの雑誌もすべて私のものです。）

(8) 咱们吃这吧。 （私たちはこれを食べましょう。）

(9) 这件衣服是怎么样？ （この服はどうですか。）

(10) 汉语太不难。 （中国語はあまり難しくない。）

(11) 我去也看电影。 （私も映画を見に行きます。）

(12) 学生们都有那儿。 （学生たちはみなそこにいます。）

(13) 我买书二本。 （私は本を二冊買います。）

(14) 这个比那个不贵。 （これはあれほど高くない。）

(15) 这儿有没有洗手间吗？ （ここにはトイレがありますか。）

6 音声を聞いて空欄を埋め、次に内容と一致するものを(1)～(4)から選びなさい。　**MP3** 88

我叫石井萌, 是(1 　　　　　)。我今年(2 　　　　　)。我(3 　　　　　)。

她比我小(4 　　　　)。她也是大学生。我现在(5 　　　　　)学汉语。我们学

校里有很多留学生, 有(6 　　　)的、(7 　　　)的、(8 　　　)的、

(9 　　　　)的。我有一个美国朋友, 他叫麦克, 我们经常(10 　　　　)学汉语。

(11 　　　　　)是我的生日, 我们(12 　　　)意大利菜。

＊经常 jīngcháng（よく・いつも）

(1)　石井的妹妹今年二十二岁。　　　　　〔　　　〕
(2)　他们学校没有法国留学生。　　　　　〔　　　〕
(3)　她的朋友麦克也学汉语。　　　　　　〔　　　〕
(4)　麦克想做意大利菜。　　　　　　　　〔　　　〕

7 プロフィールと写真の状況に基づいて、マイクのことを中国語で紹介しなさい。

名前：マイク、アメリカ人、２５歳　　誕生日：９月１７日
家族：５人家族。両親、兄１人、妹１人、マイク、犬１匹。
　　　父は医者、母は教師、兄＝会社員、妹＝大学生。
近況：今、北京の大学で中国語を勉強している。とても忙しい。

79

第 8 课
Dì bā kè

まず覚えよう

時点（時）

前天（一昨日） / 昨天（昨日） / 今天（今日） / 明天（明日） / 后天（明後日）
qiántiān　　　　zuótiān　　　　jīntiān　　　　míngtiān　　　　hòutiān

前年（一昨年） / 去年（去年） / 今年（今年） / 明年（来年） / 后年（再来年）
qiánnián　　　　qùnián　　　　jīnnián　　　　míngnián　　　　hòunián

上（个）星期（先週） / 这（个）星期（今週） / 下（个）星期（来週）
shàng (ge) xīngqī　　zhè (ge) xīngqī　　　xià (ge) xīngqī

上个月（先月） / 这个月（今月） / 下个月（来月）
shàng ge yuè　　zhè ge yuè　　xià ge yuè

昨日したこと

☐ 洗　衣服（洗濯する）　　　☐ 打扫　房间（部屋を掃除する）
　xǐ　　yīfu　　　　　　　　　dǎsǎo　fángjiān

☐ 上网（ネットに接続する）　☐ 写　报告（レポートを書く）
　shàngwǎng　　　　　　　　　xiě　bàogào

☐ 打工（アルバイトをする）　☐ 玩儿　游戏（ゲームで遊ぶ）
　dǎgōng　　　　　　　　　　　wánr　yóuxì

☐ 跑步（ジョギングする）　　☐ 逛　商店（店をぶらぶらする）
　pǎobù　　　　　　　　　　　guàng shāngdiàn

一言コーナー

我昨天打工了。
Wǒ zuótiān dǎgōng le.
（私は昨日アルバイトをした。）

你 昨天 做 什么 了？
Nǐ zuótiān zuò shénme le?

♠ 新学期が始まりました。猛暑続きだった北京も少しずつ秋の気配が…

石井： 你 昨天 做 什么 了？
　　　Nǐ zuótiān zuò shénme le?

麦克： 去 图书馆 看 书 了，你 呢？
　　　Qù túshūguǎn kàn shū le, nǐ ne?

石井： 我 跟 朋友 去 逛 商店，买了 这 件 衣服。
　　　Wǒ gēn péngyou qù guàng shāngdiàn, mǎile zhè jiàn yīfu.

麦克： 这 是 名牌，很 贵 吧？
　　　Zhè shì míngpái, hěn guì ba?

石井： 不 贵。现在 夏天 的 衣服 都 便宜 了。
　　　Bú guì. Xiànzài xiàtiān de yīfu dōu piányi le.

麦克： 今天 很 凉快，咱们 下午 一起 跑步 吧。
　　　Jīntiān hěn liángkuai, zánmen xiàwǔ yìqǐ pǎobù ba.

石井： 好，我 要 减肥。
　　　Hǎo, wǒ yào jiǎnféi.

81

ポイント 第8課

MP3 91

1 実現・完了を表す"了"le（〜した）

● ［動詞＋了］

我吃了。 Wǒ chī le.

我昨天去公园了。 Wǒ zuótiān qù gōngyuán le.

＊"了"は目的語に数量表現などの修飾語がない場合は文末に置く。

我没（有）吃午饭。 Wǒ méi (yǒu) chī wǔfàn.

＊否定の場合は"没（有）"を動詞の前に置き、"了"はつけない。

你昨天打工了吗？ Nǐ zuótiān dǎgōng le ma?

——打工了。／没（有）打工。 —— Dǎgōng le. / Méi (yǒu) dǎgōng.

● ［動詞＋了＋数量表現等の修飾語＋目的語］

他喝了两杯茶。 Tā hēle liǎng bēi chá.

我昨天买了很多东西。 Wǒ zuótiān mǎile hěn duō dōngxi.

＊目的語に"一个""很多"等の数量表現等を伴う場合は動詞の直後に"了"を置く。

練習 中国語で言ってみよう。

(1) 私は先週部屋を掃除しました。

(2) 私は三冊の本を買った。

(3) あなたは一昨日学校に来ましたか。——来ませんでした。

2 文末につける"了"le（〜になった） ——状況の変化・新しい事態の発生を表す

我二十岁了。 Wǒ èrshí suì le.

已经十二点了。 Yǐjīng shí'èr diǎn le.

我妹妹是大学生了。 Wǒ mèimei shì dàxuéshēng le.

昨天很热，今天凉快了。 Zuótiān hěn rè, jīntiān liángkuai le.

＊「形容詞＋了」は常に変化・到達を表す。「暑かった」は"热了"と言わない。

我不去了。 Wǒ bú qù le. ＊"不〜了"は「〜しないことにした」

練習 中国語で言ってみよう。

(1) 妹は16歳になった。 (2) パソコンが安くなった。 (3) 私は買わないことにした。

82

POINT

MP3 92

3 前置詞（2）　"跟"gēn （～と）

我星期天**跟**她一起逛商店了。　　Wǒ xīngqītiān gēn tā yìqǐ guàng shāngdiàn le.

我不想**跟**弟弟玩儿游戏。　　　　Wǒ bù xiǎng gēn dìdi wánr yóuxì.

練習　中国語で言ってみよう。

(1) 私は一昨日の夜友達と一緒に料理を作った。

(2) あなたは誰と一緒にアメリカに行くの？

4 助動詞（2）　"要"yào　　──動詞の前に置く

1 **願望を表す**（～したい、～するつもりだ）　─ "想"よりも願望が強い

我**要**去美国留学。　　Wǒ yào qù Měiguó liúxué.

● 否定の場合は"不想"（～したくない）。　× "不要"

你**要**喝咖啡吗？　　Nǐ yào hē kāfēi ma?

──我**不想**喝。　　──Wǒ bù xiǎng hē.

2 **必要性を表す**（～しなければならない、～する必要がある）

我今天晚上**要**去打工。　　　　Wǒ jīntiān wǎnshang yào qù dǎgōng.

● 否定の場合は"不用"（～しなくてもよい）。　× "不要"

明天没有课，我**不用**去学校。　Míngtiān méi yǒu kè, wǒ búyòng qù xuéxiào.

練習　"要"を使って日本語を中国語に訳し、次に否定の形も書いてみよう。

(1) 図書館に行きたい。

　　肯定 .... 否定 ....

(2) 食事を作らなくてはいけない。

　　肯定 .... 否定 ....

83

トレーニング

1 音声を聞いて、読まれた順に1〜4の数字を空欄に書き入れなさい。　MP3 93
次に全ての単語を日本語だけを見て正確に発音できるように練習しましょう。

(1) バイトをする　　　　　（　　）　(2) 映画を見る　　　　　（　　）
　　インターネットをする　（　　）　　　レポートを書く　　　（　　）
　　ダイエットする　　　　（　　）　　　店をぶらつく　　　　（　　）
　　ジョギングする　　　　（　　）　　　ゲームで遊ぶ　　　　（　　）

2 次の日本語に合う中国語を書きなさい。

(1) 行く　　　　　(2) 行かない　　　　　(3) 行った
(4) 行かなかった　(5) 行かないことにした (6) 行きたい
(7) 行きたくない　(8) 行かなくてはいけない(9) 行く必要がない

(1) _____ (2) _____ (3) _____

(4) _____ (5) _____ (6) _____

(7) _____ (8) _____ (9) _____

3 ピンインを簡体字に直し、日本語に訳しなさい。

(1) Wǒ zuótiān zài túshūguǎn kànle liǎng běn zázhì.

　　簡体字 _____
　　和　訳 _____

(2) Yǐjīng shí'èr diǎn le. Zánmen yìqǐ qù chī wǔfàn ba.

　　簡体字 _____
　　和　訳 _____

(3) Wǒ jīntiān yào xiě hěn duō bàogào.

　　簡体字 _____
　　和　訳 _____

84

4 日本語の意味になるように語句を並び替え、簡体字で書きなさい。

(1) 我 / zǎoshang / 了 / 今天 / 很多 / xǐ / 家 / yīfu / 在

　　...

　　（私は今朝家でたくさんの服を洗った。）

(2) cídiǎn / mǎi / búyòng / 你 / 本 / 这

　　...

　　（あなたはこの辞書を買う必要がない。）

(3) 我 / pǎobù / yìqǐ / 想 / 他们 / 不 / gēn

　　...

　　（私は彼らと一緒にジョギングをしたくない。）

5 日文中訳

(1) あなたは昨日アルバイトをしましたか。　——しませんでした。

　　...

(2) 私は明日の午前に部屋を掃除しなくてはいけません。

　　...

(3) 今日は暑すぎます。私は行かないことにしました。

　　...

第 9 课
Dì jiǔ kè

まず覚えよう

趣味	□ 听　音乐（音楽を聴く） tīng yīnyuè	□ 弹　钢琴（ピアノを弾く） tán gāngqín
	□ 照相（写真を撮る） zhàoxiàng	□ 开车（車を運転する） kāichē

スポーツ	□ 打　网球（テニスをする） dǎ　wǎngqiú	□ 打　棒球（野球をする） dǎ　bàngqiú
	□ 打　篮球（バスケットボールをする） dǎ　lánqiú	□ 打　排球（バレーボールをする） dǎ　páiqiú
	□ 踢　足球（サッカーをする） tī　zúqiú	□ 游泳（水泳をする） yóuyǒng
	□ 滑雪（スキーをする） huáxuě	□ 滑冰（スケートをする） huábīng

◇ 参考　その他のスポーツ

橄榄球 gǎnlǎnqiú（ラグビー）　　乒乓球 pīngpāngqiú（卓球）　　羽毛球 yǔmáoqiú（バドミントン）
垒球　　lěiqiú（ソフトボール）　手球 shǒuqiú（ハンドボール）　　高尔夫球 gāo'ěrfūqiú（ゴルフ）
柔道　　róudào（柔道）　　　　　体操 tǐcāo（体操）　　　　　　　太极拳 tàijíquán（太極拳）

我会打网球。（私はテニスができる。）
Wǒ huì dǎ wǎngqiú.

我喜欢听音乐。（私は音楽を聴くのが好きだ。）
Wǒ xǐhuan tīng yīnyuè.

你 在 看 什么？
Nǐ zài kàn shénme?

♠ マイクが楽しそうにパソコンの画面を見ているので、石井さんが覗いてみると。

石井： 你 在 看 什么？
　　　 Nǐ zài kàn shénme?

麦克： 我 在 看 日本 动画片。
　　　 Wǒ zài kàn Rìběn dònghuàpiàn.

石井： 你 喜欢 这个 动画片 吗？
　　　 Nǐ xǐhuan zhège dònghuàpiàn ma?

麦克： 非常 喜欢。我 还 能 唱 它 的 主题歌 呢。
　　　 Fēicháng xǐhuan. Wǒ hái néng chàng tā de zhǔtígē ne.

石井： 好 厉害！你 会 说 日语 啊！
　　　 Hǎo lìhai! Nǐ huì shuō Rìyǔ a!

麦克： 不 会，我 很 想 学。
　　　 Bú huì, wǒ hěn xiǎng xué.

石井： 那 我 教 你 日语，你 教 我 英语，可以 吗？
　　　 Nà wǒ jiāo nǐ Rìyǔ, nǐ jiāo wǒ Yīngyǔ, kěyǐ ma?

麦克： 可以！
　　　 Kěyǐ!

ポイント　第9課

MP3 96

1 助動詞 (3)　"会"huì、"能"néng、"可以"kěyǐ　——動詞の前に置く

● **会**　——スポーツ・語学などを習得して「〜できる」　＊否定は"不会"

我**会**开车。　Wǒ huì kāichē.　　　　他**不会**游泳。　Tā bú huì yóuyǒng.

你**会**说英语吗？　Nǐ huì shuō Yīngyǔ ma?

練習　中国語で言ってみよう。

(1) 私は中国語を話せない。　(2) あなたたちはスキーができますか。

● **能**　——能力か条件が備わって「〜できる」　＊否定は"不能"

我**能**游两百米。　　　　　　Wǒ néng yóu liǎngbǎi mǐ.　　　　　　〈能力〉

她**能**唱英文歌吗？　　　　　Tā néng chàng Yīngwén gē ma?　　　　〈能力〉

他星期五有课，**不能**去打篮球。　Tā xīngqīwǔ yǒu kè, bù néng qù dǎ lánqiú.　〈条件〉

練習　中国語で言ってみよう。

(1) 私の兄は1000メートル泳げます。　(2) 彼らは明日忙しくて、行けません。

● **可以**　——許可されて「〜してもよい」　＊否定は"不可以"または"不能"

请问，这儿**可以**照相吗？　　Qǐng wèn, zhèr kěyǐ zhàoxiàng ma?

——这儿**不能**照相。　　　　　——Zhèr bù néng zhàoxiàng.

对不起，我**可以**用你的笔吗？　Duìbuqǐ, wǒ kěyǐ yòng nǐ de bǐ ma?

練習　中国語で言ってみよう。

(1) ここではネットに接続してもいいですか。

(2) 今携帯電話を使ってもいいですか。

2 二つの目的語をとる動詞　——［動詞＋目的語（人）＋目的語（もの）］

我想**问**你 一个问题。　　　Wǒ xiǎng wèn nǐ yí ge wèntí.

请**告诉**我 你的手机号码。　Qǐng gàosu wǒ nǐ de shǒujī hàomǎ.

姐姐**给**了我 一个生日礼物。　Jiějie gěile wǒ yí ge shēngrì lǐwù.

＊二つの目的語をとるのは一部の動詞に限られる。

88

P O I N T

練習 中国語で言ってみよう。 **MP3** 97

(1) 彼の部屋 (房间 fángjiān) 番号を私に教えて下さい。

(2) あなたはお母さんに何のプレゼントをあげたいですか。

3 動作の進行を表す "在" zài (〜しているところだ) ── [(正)在＋動詞句＋(呢)]

我**在**吃饭。 　　　　　Wǒ zài chīfàn.

妹妹**正在**弹钢琴**呢**。 　Mèimei zhèngzài tán gāngqín ne.

你**在**做什么**呢**？ 　　　Nǐ zài zuò shénme ne?

──我**在**上网**呢**。 　　── Wǒ zài shàngwǎng ne.

＊文末 "呢" があるだけでも進行形の意味。"正在" (まさに〜している最中だ)。

練習 中国語で言ってみよう。

(1) 母は食事を作っているところです。

(2) 私たちは漫画を読んでいるところです。

4 動詞 "喜欢" xǐhuan (〜が好きだ、〜するのが好きだ)

我**喜欢**上海。 　　　Wǒ xǐhuan Shànghǎi.

我很**喜欢**学汉语。 　Wǒ hěn xǐhuan xué Hànyǔ.

你**喜欢**做什么？ 　　Nǐ xǐhuan zuò shénme?

──我**喜欢**踢足球。 　Wǒ xǐhuan tī zúqiú.

＊"喜欢" の前に "很" や "非常" など程度を表す副詞をつけることができる。

練習 次の質問を隣の人にして答えてもらいましょう。

(1) 你 喜欢（① 喝 咖啡　② 照相　③ 打扫 房间）吗？
　　Nǐ xǐhuan　　hē kāfēi　　zhàoxiàng　dǎsǎo fángjiān　ma?

(2) 你喜欢做什么？ Nǐ xǐhuan zuò shénme?

"在" のまとめ			
動　詞	所在を表す（〜にある／いる）	我哥哥**在**上海。	Wǒ gēge zài Shànghǎi.
前置詞	場所を表す（〜で）	我哥哥**在**上海留学。	Wǒ gēge zài Shànghǎi liúxué.
副　詞	動作の進行を表す（〜している）	我哥哥**在**留学呢。	Wǒ gēge zài liúxué ne.

89

トレーニング

1 音声を聞いて、読まれた順に1～4の数字を空欄に書き入れなさい。　　**MP3** 98
次に全ての単語を日本語だけを見て正確に発音できるように練習しましょう。

(1)　バレーをする　（　　　）　(2)　サッカーをする　（　　　）　(3)　スキーをする　　（　　　）

　　　野球をする　　（　　　）　　　　ピアノを弾く　　（　　　）　　　　水泳をする　　（　　　）

　　　バスケをする　（　　　）　　　　ゲームで遊ぶ　　（　　　）　　　　スケートをする（　　　）

　　　テニスをする　（　　　）　　　　音楽を聴く　　　（　　　）　　　　写真を撮る　　（　　　）

MP3 99

2 音声を聞いて空欄①～④を埋めなさい。さらに空欄⑤～⑧に自分のことについても書いてみましょう。

	できること	できないこと	好きなこと	苦手なこと
石井	①	不会开车	喜欢听音乐	②
麦克	会弹钢琴	③	④	不喜欢打扫房间
自分	⑤	⑥	⑦	⑧

3 最も適切な助動詞を下から選び、簡体字に直して空欄に記入しなさい。

(1)　我不（　　　）游泳。　　　　　（私は泳げません）

(2)　你（　　　）学游泳。　　　　　（君は水泳を学ばなくてはいけない）

(3)　我不（　　　）学游泳。　　　　（私は水泳を学びたくない）

(4)　我不（　　　）学游泳。　　　　（私は水泳を学ばなくてもよい）

(5)　我今天不（　　　）游泳。　　　（私は今日は泳げません）

(6)　这儿（　　　）游泳吗？　　　　（ここは泳げますか）

huì　　néng　　kěyǐ　　yào　　yòng　　xiǎng

4 ピンインを簡体字に直し、日本語に訳しなさい。

(1) Nǐ jiāo wǒ huábīng, wǒ jiāo nǐ dǎ páiqiú, kěyǐ ma?

簡体字 _____

和　訳 _____

(2) Wǒ zài tán gāngqín ne, bù xiǎng qù mǎi dōngxi.

簡体字 _____

和　訳 _____

(3) Tā xīngqīwǔ xiàwǔ hěn máng, bù néng lái xuéxiào.

簡体字 _____

和　訳 _____

5 日文中訳

(1) あなたのお姉さんの携帯電話の番号を私に教えてください。

_____

(2) 教室の中で写真を撮ってもいいですか。　──いけません。

_____

(3) 彼女は何をしていますか。　──彼女は英語の歌を歌っているところです。

_____

第 10 课
Dì shí kè

まず覚えよう

MP3 100

時間の長さ

時点 (時)	時量 (時間の長さ)
☐ 二 分 (二分) èr fēn	☐ 两 分钟 (二分間) liǎng fēnzhōng
☐ 三十 分 (三十分) sānshí fēn	☐ 半 个 小时 (三十分間) bàn ge xiǎoshí
☐ 两 点 (二時) liǎng diǎn	☐ 两 个 小时 (二時間) liǎng ge xiǎoshí
☐ 二 号 (二日) èr hào	☐ 两 天 (二日間) liǎng tiān
☐ 星期二 (火曜日) xīngqī'èr	☐ 两 个 星期 (二週間) liǎng ge xīngqī
☐ 二月 (二月) èryuè	☐ 两 个 月 (二か月間) liǎng ge yuè
☐ 二〇〇二 年 (2002年) èr líng líng èr nián	☐ 两 年 (二年間) liǎng nián
☐ 什么 时候 (いつ) shénme shíhou	☐ 多 长 时间 (どのくらいの時間) duō cháng shíjiān

我看了两个小时电视。
Wǒ kànle liǎng ge xiǎoshí diànshì.
(私は2時間テレビを見た。)

一言コーナー

离 这儿 远 吗？
Lí zhèr yuǎn ma?

♠ 日曜日、石井さんは若者に人気のスポット７９８芸術区に行こうとしましたが、途中で迷ってしまいました。

石井： 请问, 去 798 怎么 走？
　　　Qǐngwèn, qù Qī jiǔ bā zěnme zǒu?

行人： 从 这儿 一直 走, 在 第 二 个 路口 往 右 拐。
xíngrén： Cóng zhèr yìzhí zǒu, zài dì èr ge lùkǒu wǎng yòu guǎi.

石井： 离 这儿 远 吗？
　　　Lí zhèr yuǎn ma?

行人： 不 远, 走 十 分钟 就 到。
　　　Bù yuǎn, zǒu shí fēnzhōng jiù dào.

石井： 谢谢。
　　　Xièxie.

行人： 正好 我 也 去 那儿, 我 带 你 去 吧。
　　　Zhènghǎo wǒ yě qù nàr, wǒ dài nǐ qù ba.

北京通信 ❺　　　　　　　　　　　　　　　　　　798芸術区

　　地下鉄望京南駅を降りてしばらく歩くと７９８芸術区だ。一歩脚を踏み入れると煉瓦造りの建物や張り巡らされたパイプの下、不思議なオブジェたちがおもいおもいの姿で、通行人を静かに見つめている。工場跡に芸術家たちがアトリエやギャラリーを作ったことから始まったこの地域、現在では美術館やカフェ、画廊、それにお洒落な雑貨屋が集まる北京屈指の観光地だ。カメラを持って木漏れ日のさす路地裏を歩いていると、かつてここにいた芸術家たちのアナーキーなエネルギーの残り香が感じられる、そんな場所である。

ポイント 第10课

1 時量補語（時間の長さを表す）——［動詞＋時間の長さ］

時刻を表す言葉は動詞の前に置くのに対し、時間の長さを表す言葉は動詞の後に置く。

我**明天**休息。　　Wǒ míngtiān xiūxi.　　×我休息明天。
我休息**一天**。　　Wǒ xiūxi yì tiān.　　×我一天休息。

目的語がある場合は時量補語の後に置く。

我看了**两个小时**电视。　　Wǒ kànle liǎng ge xiǎoshí diànshì.
我昨天打了**三个小时**工。　　Wǒ zuótiān dǎle sān ge xiǎoshí gōng.
你学了**多长时间**英语？　　Nǐ xuéle duō cháng shíjiān Yīngyǔ?
——学了**六年**。　　——Xuéle liù nián.

＊"打工""游泳""滑冰""滑雪"等は「動詞＋目的語」の構造をしており、「離合詞」と呼ばれる。
　離合詞は時量補語を伴う場合は次のようになる。

　　打**三个小时**工　dǎ sān ge xiǎoshí gōng　　　滑了**一天**雪　huále yì tiān xuě

＊動作が既に完了している場合：我学了三年汉语。　　Wǒ xuéle sān nián Hànyǔ.
＊動作が今後も継続可能な場合：我学了三年汉语了。　　Wǒ xuéle sān nián Hànyǔ le.

語順のまとめ

我	昨天	在　家	跟　弟弟（一起）	学了	一　个　小时	汉语
Wǒ	zuótiān	zài　jiā	gēn　dìdi　(yìqǐ)	xuéle	yí　ge　xiǎoshí	Hànyǔ
だれ	いつ	どこで	だれと	する	どのくらい	なにを

＊時を表す言葉は主語の前に置くことも出来る。
＊"一个小时"等の時量補語がある場合、了は動詞の直後に置く。

練習　中国語で言ってみよう。

(1) 私は昨日の午後友達と一緒にテニスを2時間しました。
(2) 妹は去年アメリカで英語を1か月間勉強しました。
(3) 私は日曜日レストランで4時間バイトをします。

2 前置詞 (3)　——"从"cóng、"到"dào、"离"lí、"往"wǎng

● 从～到…（～から…まで）　——空間・時間の起点と到達点を表す

从我家**到**车站要十分钟。　　Cóng wǒ jiā dào chēzhàn yào shí fēnzhōng.
我**从**五点**到**八点打工。　　Wǒ cóng wǔ diǎn dào bā diǎn dǎgōng.

POINT

MP3 103

● 离（～から／～まで）──空間・時間の隔たりを示す

离考试还有一个星期。　　Lí kǎoshì hái yǒu yí ge xīngqī.

学校离车站远吗？　　Xuéxiào lí chēzhàn yuǎn ma?

──不远，很近。　　──Bù yuǎn, hěn jìn.

● 往（～へ）──向かう方向を示す

在十字路口往左拐。　　Zài shízì lùkǒu wǎng zuǒ guǎi.

練習　中国語で言ってみよう。

(1) 私の家から学校まで1時間かかる。

(2) 私は4時から6時までサッカーをする。

(3) あなたの家は学校から遠いですか。

3 二つの"怎么"zěnme

"怎么"には「方法」を尋ねる場合と、「原因」を尋ねる場合がある。

① 方法（どうやって）──［怎么＋動詞］

去车站怎么走？　　Qù chēzhàn zěnme zǒu?

你的名字怎么写？　　Nǐ de míngzi zěnme xiě?

② 原因（なぜ）──いぶかって理由を尋ねる

已经一点了。你怎么还不吃饭？　　Yǐjīng yì diǎn le. Nǐ zěnme hái bù chīfàn?

他今天怎么没来学校？　　Tā jīntiān zěnme méi lái xuéxiào?

原因を尋ねる時は"为什么"もよく使われる。

你为什么学汉语？　　Nǐ wèi shénme xué Hànyǔ?

──因为我想去中国留学。　　──Yīnwèi wǒ xiǎng qù Zhōngguó liúxué.

練習　中国語で言ってみよう。

(1) この料理（这个菜）はどうやって作るのですか。

(2) あなたはどうしてまだ辞書を買わないのですか。

95

トレーニング

1 音声を聞いて、読まれた順に1〜4の数字を空欄に書き入れなさい。　　　MP3 104
次に全ての単語を日本語だけを見て正確に発音できるように練習しましょう。

(1) 2時　　　（　　）　　(2) 2分間　（　　）　　(3) いつ　　　　（　　）
　　2時間　　（　　）　　　　2分　　（　　）　　　　どの位（時間）（　　）
　　2月　　　（　　）　　　　2日　　（　　）　　　　何　　　　　（　　）
　　2か月間　（　　）　　　　2日間　（　　）　　　　どうやって　（　　）

2 音声を聞いてフレーズを完成させましょう。　MP3 105

(1) 唱（　　　　）歌　　　　　　(2) 看（　　　　）电视

(3) 休息（　　　　　）　　　　　(4) 学了（　　　　）英语

3 日本語の意味になるように語句を並び替え、簡体字で書きなさい。

(1) 打了 / 在 / wǔ ge xiǎoshí / zuótiān / 我 / chāoshì / 工

_____

（私は昨日スーパーで5時間アルバイトをしました。）

(2) jīchǎng / duō cháng shíjiān / 你们 / dào / 从 / 要 / 学校

_____

（あなたたちの学校から空港までどれくらい時間がかかりますか。）

(3) 还 / 你 / zuòyè / zěnme / zuò / 不

_____

（あなたはどうしてまだ宿題をしないのですか。）

96

4 日文中訳

(1) 姉は去年フランスでフランス語（法语 Fǎyǔ）を二か月間学びました。

....

(2) 父の誕生日まであと１０日間あります。

....

(3) 私の家は公園まで近くて、歩いて５分ですぐ着きます。

....

5 下の囲みから適切な語句を選んで空欄を埋めなさい。

我们学校（1　　　）东京。我家（2　　　）学校很近，（3　　　）十分钟就到。我（4　　　）星期一（5　　　）星期五（6　　　）有课。星期六（7　　　）学校附近的餐厅打五个小时工。这个星期天我（8　　　）写报告，不（9　　　）（10　　　）朋友一起玩儿。

从	到	都	跟	能
离	走	在	在	要

第 11 课
Dì shíyī kè

まず覚えよう
MP3 106

得意なこと・不得意なこと

- □ 做　饭　　　　　　□ 跳舞　　　　　　　□ 画　画儿
　　zuò　fàn　　　　　　tiàowǔ　　　　　　　huà　huàr
　　（食事を作る）　　　（踊る）　　　　　　（絵を描く）

- □ 说　英语　　　　　□ 写　字　　　　　　□ 唱　卡拉OK
　　shuō Yīngyǔ　　　　xiě　zì　　　　　　　chàng kǎlā OK
　　（英語を話す）　　　（字を書く）　　　　（カラオケを歌う）

興味のあること・ないこと

- □ 照相　　　　　　　□ 旅游　　　　　　　□ 中国　历史
　　zhàoxiàng　　　　　lǚyóu　　　　　　　　Zhōngguó lìshǐ
　　（撮影をする）　　　（旅行する）　　　　（中国の歴史）

- □ 日本　动漫　　　　□ 环境　问题
　　Rìběn dòngmàn　　　huánjìng wèntí
　　（日本のアニメーションと漫画）　（環境問題）

我做饭做得很好。（私は食事をつくるのが得意だ。）
Wǒ zuò fàn zuòde hěn hǎo.

我对中国历史很感兴趣。（私は中国の歴史に興味がある。）
Wǒ duì Zhōngguó lìshǐ hěn gǎn xìngqù.

一言コーナー

本文

咱们 交 个 朋友 吧。
Zánmen jiāo ge péngyou ba.

MP3 107

◆石井さんは偶然道を聞いた青年と一緒に798を見学することになりました。

行人： 你 汉语 说得 真 好！
　　　 Nǐ Hànyǔ shuōde zhēn hǎo!

　　　 学了 多 长 时间 了？
　　　 Xuéle duō cháng shíjiān le?

石井： 我 学了 三 年 了。
　　　 Wǒ xuéle sān nián le.

行人： 我 对 日本 文化 很 感 兴趣。
　　　 Wǒ duì Rìběn wénhuà hěn gǎn xìngqù.

石井： 你 去过 日本 吗？
　　　 Nǐ qùguo Rìběn ma?

行人： 去过 两 次。 我 妹妹 在 东京 留学。
　　　 Qùguo liǎng cì. Wǒ mèimei zài Dōngjīng liúxué.

石井： 是 吗？ 我 家 就 在 东京。
　　　 Shì ma? Wǒ jiā jiù zài Dōngjīng.

行人： 我 叫 李 明，咱们 交 个 朋友 吧。
　　　 Wǒ jiào Lǐ Míng, zánmen jiāo ge péngyou ba.

99

ポイント | 第11課 |

MP3 108

1 様態補語（～するのが…だ）──動作の様態を表す

● [動詞＋得～]

他跑**得**很慢。 Tā pǎode hěn màn.   他唱**得**非常好。 Tā chàngde fēicháng hǎo.

他跑**得**不快。 Tā pǎode bú kuài.   他唱**得**不太好。 Tā chàngde bú tài hǎo.

他跑**得**快吗？ Tā pǎode kuài ma?   他唱**得**好不好？ Tā chàngde hǎo bu hǎo?

● [(動詞)＋目的語＋動詞＋得～]

我姐姐（做）饭做**得**很好。   Wǒ jiějie (zuò) fàn zuòde hěn hǎo.

他游泳游**得**不快。   Tā yóuyǒng yóude bú kuài.

你（说）英语说**得**怎么样？   Nǐ (shuō) Yīngyǔ shuōde zěnmeyàng?

──我说**得**不太流利。   Wǒ shuōde bú tài liúlì.

＊動詞が目的語を伴う場合は動詞を繰り返す。一つ目の動詞は省くことが出来る。

練習   中国語で言ってみよう。

⑴ 彼はカラオケを歌うのがあまり上手ではないです。

⑵ 私の妹は字を書くのがきれいです。

⑶ あなたはテニスをするのが上手ですか。

練習   次の質問を隣の人にして答えてもらいましょう。

⑴ 你唱卡拉OK唱得好吗？   Nǐ chàng kǎlā OK chàngde hǎo ma?

⑵ 你跑得快不快？   Nǐ pǎode kuài bu kuài?

⑶ 你英语说得怎么样？   Nǐ Yīngyǔ shuōde zěnmeyàng?

2 経験を表す"过"guo（～したことがある）──[動詞＋过]

我看**过**中国电影。   Wǒ kànguo Zhōngguó diànyǐng.

我没滑**过**雪。   Wǒ méi huáguo xuě.

你去**过**中国吗？   Nǐ qùguo Zhōngguó ma?

──没去**过**。   ── Méi qùguo.

＊否定は"没（有）"méi(yǒu)を用いる。ただし"过"は残ることに注意。

100

POINT

MP3 109

練習 次の質問を隣の人にして答えてもらいましょう。

(1) 你 滑过 冰 吗?
　　Nǐ huáguo bīng ma?

(2) 你 看过 中国 电影 吗?
　　Nǐ kànguo Zhōngguó diànyǐng ma?

3　動量補語（動作の回数を表す）── ［動詞＋動量補語（＋目的語）］

動作の回数は"次"cì "遍"biàn などで表し、時量補語と同様に動詞の後に置く。

我看过**两次**足球比赛。　Wǒ kànguo liǎng cì zúqiú bǐsài.　×我看过足球比赛两次。

请再说**一遍**。　　　　　Qǐng zài shuō yí biàn.

你滑过**几次**雪?　　　　Nǐ huáguo jǐ cì xuě?

──我滑过**三次**。　　　 ── Wǒ huáguo sān cì.

練習 中国語で言ってみよう。

(1) 私はアメリカに2回行ったことがある。

(2) 私はスケートを1回したことがある。

4　前置詞(4) ── "对"duì、"给"gěi

● 对（～に対して）

我**对**中国历史很感兴趣。　Wǒ duì Zhōngguó lìshǐ hěn gǎn xìngqù.

他们**对**环境问题不感兴趣。　Tāmen duì huánjìng wèntí bù gǎn xìngqù.

● 给（～に、～のために）── ［**给**＋人＋動詞］

我今天晚上**给**你打电话。　Wǒ jīntiān wǎnshang gěi nǐ dǎ diànhuà.

爸爸**给**我做晚饭了。　　　Bàba gěi wǒ zuò wǎnfàn le.

昨天晚上他没**给**我发短信。　Zuótiān wǎnshang tā méi gěi wǒ fā duǎnxìn.

練習 次の質問を隣の人にして答えてもらいましょう。

(1) 你对什么感兴趣?　Nǐ duì shénme gǎn xìngqù?

(2) 你想给谁打电话?　Nǐ xiǎng gěi shéi dǎ diànhuà?

101

トレーニング

1 音声を聞いて、読まれた順に1〜4の数字を空欄に書き入れなさい。　　　MP3 110
次に全ての単語を日本語だけを見て正確に発音できるように練習しましょう。

(1) 食事を作る（　　）　(2) 中国の歴史　　　　（　　）　(3) ダンスをする（　　）
　　字を書く　（　　）　　 日本のアニメと漫画（　　）　　 絵を描く　　（　　）
　　旅行をする（　　）　　 環境問題　　　　　（　　）　　 友達になる　（　　）
　　写真を撮る（　　）　　 アメリカ文化　　　（　　）　　 興味がある　（　　）

2 音声を聞いて様態補語を用いた文を書きとりなさい。　　　MP3 111

(1)　　　　　　　　(2)　　　　　　　　(3)

(1) _____　(2) _____

(3) _____

3 右の欄から最も適切な前置詞を選び、簡体字に直して空欄に記入しなさい。

(1) 我（　　）便利店买了很多饮料。
(2) 我妈妈星期天（　　）朋友一起打网球。
(3) 妈妈（　　）爸爸大两岁。
(4) 我妈妈（　　）韩国电影很感兴趣。
(5) 我（　　）晚上七点（　　）九点打工。
(6) 邮局（　　）这儿很近。
(7) 一直（　　）前走，十分钟就到。
(8) 爸爸不（　　）弟弟买电脑。

bǐ
cóng
dào
duì
gěi
gēn
lí
zài
wǎng

102

4 ピンインを簡体字に直し、日本語に訳しなさい。

(1) Wǒ hái méi tīngguo Zhōngguó yīnyuè, hěn xiǎng tīng.

簡体字 ....

和　訳 ....

(2) Wǒ duì Zhōngguó de huánjìng wèntí hěn gǎn xìngqù.

簡体字 ....

和　訳 ....

(3) Wǒ bàba chàng kǎlā OK chàngde bǐ māma hǎo.

簡体字 ....

和　訳 ....

5 日文中訳

(1) 明日は母の誕生日です。私は母にプレゼントを一つ買いたいです。

....

(2) 私は料理をするのが好きで、ピザを2回作ったことがあります。

....

(3) 私は英語を6年間学びました。でも英語を話すのがあまり上手くありません。

....

第 12 课
Dì shí'èr kè

まず覚えよう

MP3 112

食べ物

- 饺子（ギョーザ） jiǎozi
- 炒饭（チャーハン） chǎofàn
- 三明治（サンドイッチ） sānmíngzhì
- 蛋糕（ケーキ） dàngāo
- 寿司（寿司） shòusī
- 汉堡包（ハンバーガー） hànbǎobāo
- 好吃（美味しい） hǎochī
- 不好吃（美味しくない） bù hǎochī

移動手段

- 骑 自行车（自転車に乗る） qí zìxíngchē
- 骑 摩托车（バイクに乗る） qí mótuōchē
- 坐 公交车（バスに乗る） zuò gōngjiāochē
- 坐 大巴（大型バスに乗る） zuò dàbā
- 坐 电车（電車に乗る） zuò diànchē
- 坐 地铁（地下鉄に乗る） zuò dìtiě
- 坐 出租车（タクシーに乗る） zuò chūzūchē
- 坐 火车（列車に乗る） zuò huǒchē
- 坐 飞机（飛行機に乗る） zuò fēijī
- 坐 船（船に乗る） zuò chuán
- 走着 去／来（歩いて行く／来る） zǒuzhe qù / lái
- 开车（車を運転する） kāichē

你吃饺子还是吃炒饭？
Nǐ chī jiǎozi háishi chī chǎofàn?
（あなたはギョーザを食べますかそれともチャーハンを食べますか。）

咱们坐公交车去还是坐电车去？
Zánmen zuò gōngjiāochē qù háishi zuò diànchē qù?
（私たちはバスで行きますかそれとも電車で行きますか。）

一言コーナー

104

本文　星期六 去 还是 星期天 去？
Xīngqīliù qù háishi xīngqītiān qù?

🂡 石井さんは友達になった李明からさっそく遊びに誘われました。

李明：这个 周末 出去 玩儿玩儿 怎么样？
　　　Zhège zhōumò chūqu wánrwanr zěnmeyàng?

石井：好 啊！ 我们 去 哪儿？
　　　Hǎo a! Wǒmen qù nǎr?

李明：去 爬 长城 吧。
　　　Qù pá Chángchéng ba.

石井：太 好 了！ 我们 怎么 去？
　　　Tài hǎo le! Wǒmen zěnme qù?

李明：坐 大巴 去。
　　　Zuò dàbā qù.

　　　星期六 去 还是 星期天 去？
　　　Xīngqīliù qù háishi xīngqītiān qù?

石井：星期六 吧。
　　　Xīngqīliù ba.

李明：那 早上 六 点 我 在 学校 门口 等着 你。
　　　Nà zǎoshang liù diǎn wǒ zài xuéxiào ménkǒu děngzhe nǐ.

北京通信 ❻　　　　　　　　　　　　　　　　北京の交通

　　北京での生活に欠かせない交通機関として、二つの環状線を中心に張り巡らされた地下鉄（地铁 dìtiě）と、膨大なルートをフォローする路線バス（公交车 gōngjiāochē）がある。これらの交通機関を利用するときは交通ICカード（公交卡 gōngjiāokǎ）が便利だ。近年はスマホを使った貸し自転車も急激に普及し、タクシーもアプリで呼ぶのが基本になりつつある。遠出には大型バス（大巴 dàbā）や列車（火车 huǒchē）を使おう。高速鉄道（高铁 gāotiě）に乗れば、上海まで僅か4時間だ。だが、寝台列車（卧铺 wòpù）での長旅の味わいもまた捨てがたい。時間がある人は挑戦してみよう。

ポイント 第12課

MP3 114

1 動詞の重ね型

1 ちょっと～する、～してみる

● 一音節動詞

请**等**（一）**等**。　　　Qǐng děng (yi) deng.

给我**看**（一）**看**。　　Gěi wǒ kàn (yi) kan.

我想**听**（一）**听**音乐。　Wǒ xiǎng tīng (yi) ting yīnyuè.

● 二音節動詞

我们在这儿**休息休息**吧。　Wǒmen zài zhèr xiūxixiuxi ba.

＊間に"一"は入れることができない。　×我们休息一休息吧。

2 ～したり～したりする

我周末想去**买买**东西，**看看**电影。Wǒ zhōumò xiǎng qù mǎimai dōngxi, kànkan diànyǐng.

練習　中国語で言ってみよう。

(1) 私たちはちょっとテニスをしましょう。

(2) 夜、私は本を読んだり、インターネットをしたりします。

2 選択疑問文"还是"háishi（～それとも～）──［A＋**还是**＋B］

他是老师**还是**医生？　　　Tā shì lǎoshī háishi yīshēng?

你们上午来**还是**下午来？　Nǐmen shàngwǔ lái háishi xiàwǔ lái?

你吃日本菜**还是**吃中国菜？Nǐ chī Rìběncài háishi chī Zhōngguócài?

这个好喝**还是**那个好喝？　Zhège hǎohē háishi nàge hǎohē?

＊選択疑問文には"吗"をつけない。　×他是老师还是医生吗？

練習　次の質問を隣の人にして答えてもらいましょう。

(1) 你喝咖啡还是喝红茶？　　　Nǐ hē kāfēi háishi hē hóngchá?

(2) 你吃三明治还是吃汉堡包？　Nǐ chī sānmíngzhì háishi chī hànbǎobāo?

(3) 你想骑自行车还是想开车？　Nǐ xiǎng qí zìxíngchē háishi xiǎng kāichē?

106

P O I N T

MP3 115

3 持続を表す "着" zhe

1 ［動詞＋着］（～している／ある）

桌子上放**着**两杯茶。 Zhuōzi shang fàngzhe liǎng bēi chá.

他今天穿**着**一件漂亮的毛衣。 Tā jīntiān chuānzhe yí jiàn piàoliang de máoyī.

我在车站等**着**你。 Wǒ zài chēzhàn děngzhe nǐ.

2 ［動詞₁＋着＋動詞₂］（～しながら…する）

他们站**着**喝咖啡。 Tāmen zhànzhe hē kāfēi.

银行不远，咱们走**着**去吧。 Yínháng bù yuǎn, zánmen zǒuzhe qù ba.

練習 中国語で言ってみよう。

(1) 学生は教室で先生を待っている。

(2) 彼女は一枚のきれいなTシャツを着ています。

(3) 彼は毎日（每天 měitiān）歩いて学校に行きます。

4 疑問詞と疑問文のまとめ

疑問詞	・谁 shéi（だれ） ・哪儿 nǎr（どこ） ・什么 shénme（なに） ・几 jǐ（いくつ） ・多少 duōshao（いくつ）	・怎么样 zěnmeyàng（どうですか） ・怎么 zěnme（どうやって、なぜ） ・什么时候 shénme shíhou（いつ） ・多长时间 duō cháng shíjiān（どのくらいの時間）

疑問文	"吗"疑問文（～ですか）	你 是 日本人 吗？ Nǐ shì Rìběnrén ma?
	省略疑問文（～は？）	我 喝 咖啡，你 呢？ Wǒ hē kāfēi, nǐ ne?
	反復疑問文（～ですか）	今天 冷 不 冷？ Jīntiān lěng bu lěng?
	疑問詞疑問文	你 想 吃 什么？ Nǐ xiǎng chī shénme?
	選択疑問文（～それとも…）	你 去 上海 还是 去 北京？ Nǐ qù Shànghǎi háishi qù Běijīng?

107

トレーニング

1 音声を聞いて、読まれた順に1～4の数字を空欄に書き入れなさい。　　　MP3 116
次に全ての単語を日本語だけを見て正確に発音できるように練習しましょう。

(1) ケーキ　　　　（　）　(2) タクシーに乗る　　（　）　(3) 地下鉄に乗る（　）

　　ハンバーガー（　）　　　自転車に乗る　　　（　）　　　列車に乗る　　（　）

　　寿司　　　　（　）　　　オートバイに乗る　（　）　　　飛行機に乗る（　）

　　サンドイッチ（　）　　　バスに乗る　　　　（　）　　　電車に乗る　　（　）

2 音声を聞いてAの文を完成させ、絵を参考にAをたずねる選択疑問文Qを書きなさい。　MP3 117

(1)　　　　　　　　　(2)　　　　　　　　　(3)

(1) Q: _____？　A: 我_____。
(2) Q: _____？　A: 我喜欢_____。
(3) Q: _____？　A: 我想_____。

3 右の欄から適切な語句を選び、簡体字に直して空欄に記入しなさい。

(1) 请问，到北京站（　　　　）走？

(2) 你下午打工（　　　　）晚上打工？

(3) 从这儿到机场要（　　　　）？

(4) 你在（　　　　）等着我？
　　——我在车站等着你。

(5) 你对（　　　　）感兴趣？
　　——我对日本历史感兴趣。

(6) 咱们（　　　　）去吃寿司？　——下个星期天吧。

háishi
duō cháng shíjiān
shénme
shénme shíhou
nǎr
zěnme

108

4 日本語の意味になるように語句を並び替え、簡体字で書きなさい。

(1) dàngāo / zhe / zhuōzi shang / 很多 / 放

....

（机の上にたくさんのケーキが置いてある。）

(2) 去 / 去 / 你 / háishi / chūzūchē / zǒuzhe / 坐 / 明天

....

（あなたは明日タクシーで行きますかそれとも歩いて行きますか。）

(3) 在 / xuéxiào / 吧 / 的 / gōngyuán / duìmiàn / 我们 / 休息休息

....

（私たちは学校の向かいの公園でちょっと休みましょう。）

5 日文中訳

(1) 私は日曜日に家で音楽を聴いたり、漫画を読んだりします。

....

(2) ここには椅子（椅子 yǐzi）がありません。私たちは立って食べましょう。

....

(3) あなたは私と一緒に行くの、それとも彼女と一緒に行くの？

....

第 13 课
Dì shísān kè

まず覚えよう

MP3 118

学生生活

- 早 起（早く起きる）
  zǎo qǐ

- 熬夜（徹夜する）
  áoyè

- 迟到（遅刻する）
  chídào

- 借 书（本を借りる）
  jiè shū

- 睡 懒觉（寝坊する）
  shuì lǎnjiào

- 做 实验（実験をする）
  zuò shíyàn

- 早 睡（早く寝る）
  zǎo shuì

- 点名（出席をとる）
  diǎnmíng

- 考试（試験をする、試験を受ける）
  kǎoshì

- 还 书（本を返す）
  huán shū

- 查 资料（資料を調べる）
  chá zīliào

- 找 工作（仕事を探す）
  zhǎo gōngzuò

你应该早起。（あなたは早く起きるべきだ。）
Nǐ yīnggāi zǎo qǐ.

他找到工作了。（彼は仕事を見つけた。）
Tā zhǎodào gōngzuò le.

一言コーナー

我 也 可 以 去 吗？
Wǒ yě kěyǐ qù ma?

♠ 石井さんとマイクが出ている中国史の授業でレポートの課題が出されました。

麦克： 你 写完 报告 了 吗？
Nǐ xiěwán bàogào le ma?

石井： 我 已经 写完 了。 你 呢？
Wǒ yǐjīng xiěwán le. Nǐ ne?

麦克： 我 还 没 写完，因为 我 的 课本 被 同学 借走 了。
Wǒ hái méi xiěwán, yīnwèi wǒ de kèběn bèi tóngxué jièzǒu le.

石井： 你 用 我 的 吧。
Nǐ yòng wǒ de ba.

麦克： 谢谢！ 我 明天 还 你。
Xièxie! Wǒ míngtiān huán nǐ.

石井： 不用， 我 明天 要 跟 朋友 去 长城 玩儿。
Búyòng, wǒ míngtiān yào gēn péngyou qù Chángchéng wánr.

麦克： 是 吗？ 我 也 可以 去 吗？
Shì ma? Wǒ yě kěyǐ qù ma?

石井： 当然 可以。 不过，你 应该 先 写 报告。
Dāngrán kěyǐ. Búguò, nǐ yīnggāi xiān xiě bàogào.

ポイント　第13課

MP3 120

1　結果補語　——動作の結果を説明する

● 結果補語になる動詞

～完 wán　（～し終える）　　吃完 chīwán　　用完 yòngwán

～懂 dǒng　（～してわかる）　看懂 kàndǒng　　听懂 tīngdǒng

～到 dào　（～して達成する）　找到 zhǎodào　　买到 mǎidào

● 結果補語になる形容詞

～好 hǎo　（きちんと～し終える）　做好 zuòhǎo　　准备好 zhǔnbèihǎo

～错 cuò　（～し間違える）　　写错 xiěcuò　　说错 shuōcuò

● 肯定には"了"をともない、否定には"没有"を使う。

老师说错了她的名字。　　Lǎoshī shuōcuòle tā de míngzi.

我哥哥还没（有）找到工作。　Wǒ gēge hái méi (yǒu) zhǎodào gōngzuò.

老师说得太快，我没听懂。　Lǎoshī shuōde tài kuài, wǒ méi tīngdǒng.

资料你准备好了吗？　　Zīliào nǐ zhǔnbèihǎo le ma?

——已经准备好了。　　—— Yǐjīng zhǔnbèihǎo le.

＊目的語は文頭に移動することもある。

練習　日本語の意味になるように空欄に適切な語を記入し、否定の形も書いてみよう。

(1) 書き終えた　　　写（　　）了　　　否定 ....

(2) 聞いてわかった　听（　　）了　　　......................................

(3) 準備ができた　　准备（　　）了　　......................................

(4) 聞き違えた　　　听（　　）了　　　......................................

(5) 買って手に入れた　买（　　）了　　　......................................

112

POINT

MP3 121

2　受け身の表現 "被" bèi （～に…される）

我的自行车**被**弟弟骑走了。　　Wǒ de zìxíngchē bèi dìdi qízǒu le.

我的电脑**被**爸爸弄坏了。　　　Wǒ de diànnǎo bèi bàba nònghuài le.

她的钱包**被**偷了。　　　　　　Tā de qiánbāo bèi tōu le.　＊動作の主体は省略できる。

●否定の場合は "不" "没" を "被" の前に置く。

我没**被**老师批评过。 Wǒ méi bèi lǎoshī pīpíngguo.

練習　日本語の意味になるように語句を並び替えてみよう。

(1) 弄坏 / 我 / 妹妹 / 被 / 的 / 了 / 相机 　（私のカメラは妹にいじり壊されてしまった。）
　　nònghuài　　　　　　 xiàngjī

(2) 词典 / 借走 / 我 / 他 / 被 / 了 / 的 　（私の辞書は彼に借りて行かれた。）
　　cídiǎn　jièzǒu

3　助動詞 (4)　"得" děi、"应该" yīnggāi

●得（～しなければならない、～せざるを得ない）

我下午**得**去做实验。　　　　Wǒ xiàwǔ děi qù zuò shíyàn.

星期六上午没有课，**不用**早起。　Xīngqīliù shàngwǔ méiyǒu kè, búyòng zǎo qǐ.

　　＊否定は "不用"（～しなくてもよい）

●应该

① ～すべきである

明天考试，你**应该**早睡。　　Míngtiān kǎoshì, nǐ yīnggāi zǎo shuì.

你不**应该**迟到。　　　　　　Nǐ bù yīnggāi chídào.

②"该～了"（～すべき頃だ）

十点半了，我**该**回家**了**。　Shídiǎn bàn le, wǒ gāi huíjiā le.

練習　日本語の意味になるように語句を並び替えてみよう。

(1) 房间 / 早上 / 我 / 打扫 / 得 / 明天 　（私は明日の朝、部屋を掃除しなければならない。）
　　fángjiān zǎoshang　　　 dǎsǎo

(2) 给 / 打 / 不用 / 你 / 我 / 电话 　（あなたは私に電話をかける必要がない。）
　　gěi

(3) 手机号码 / 你 / 我妹妹 / 他 / 告诉 / 的 / 应该 / 不 　（君は僕の妹の携帯番号を彼に教える
　　shǒujī hàomǎ　　　 wǒ mèimei　　 gàosu　　　　　　　　　　　べきでない。）

113

トレーニング

1 音声を聞いて、読まれた順に1〜4の数字を空欄に書き入れなさい。　　MP3 122
次に全ての単語を日本語だけを見て正確に発音できるように練習しましょう。

(1) 早起きする　　　（　　）　　(2) 遅刻をする　　　（　　）
　　早寝をする　　　（　　）　　　　出席をとる　　　（　　）
　　徹夜をする　　　（　　）　　　　資料を調べる　　（　　）
　　寝坊をする　　　（　　）　　　　就職活動をする　（　　）

(3) 読み終わった　　　（　　）
　　聞いてわかった　　（　　）
　　言い間違えた　　　（　　）
　　探して見つかった　（　　）

2 "了""在""着""过""要"を使って(1)〜(5)の文を完成させなさい。

① ② ③ ④ ⑤

(1) 我（　　）包饺子！　　　　　（ギョーザを作ろう！）
(2) 我（　　）包饺子呢。　　　　（ギョーザを作っています。）
(3) 饺子包好（　　）！　　　　　（ギョーザがちゃんとできました。）
(4) 桌子上放（　　）很多饺子。　（テーブルにギョーザがたくさん置いてある。）
(5) 我包（　　）饺子。　　　　　（ギョーザを作ったことがあるよ。）

3 次の文を否定文に直しなさい。

(1) 我得去图书馆查资料。　　否定文　＿＿＿＿＿＿＿＿＿＿＿＿＿＿＿
(2) 我做完了今天的作业。　　否定文　＿＿＿＿＿＿＿＿＿＿＿＿＿＿＿
(3) 她字写得很漂亮。　　　　否定文　＿＿＿＿＿＿＿＿＿＿＿＿＿＿＿

114

第13课

4 ピンインを簡体字に直し、日本語に訳しなさい。

(1) Wǒ de yǔsǎn bèi wǒ péngyou jièzǒu le.

　简体字 ....

　和　訳 ....

(2) Nàge zīliào nǐ cháwán le ma?　—Yǐjīng cháwán le.

　简体字 ....

　和　訳 ....

(3) Wǒ gēge zài zhǎo gōngzuò.　Tā hái méi zhǎodào.

　简体字 ....

　和　訳 ....

5 日文中訳

(1) 私はまだレポートを書き終わっていない。今晩は徹夜をしなくてはいけない。

....

(2) 先生は英語を話すのがあまり速くないので、私はすべて聞いてわかった。

....

(3) 私のパソコンは弟にいじり壊されてしまった。今使えない。

....

115

第 14 课
Dì shísì kè

まず覚えよう

季節		
	☐ 春天 (春) chūntiān	☐ 暖和 (暖かい) nuǎnhuo
	☐ 夏天 (夏) xiàtiān	☐ 热 (暑い) rè
	☐ 秋天 (秋) qiūtiān	☐ 凉快 (涼しい) liángkuai
	☐ 冬天 (冬) dōngtiān	☐ 冷 (寒い) lěng

自然現象		
	☐ 下 雨 (雨が降る) xià yǔ	☐ 下 雪 (雪が降る) xià xuě
	☐ 打雷 (雷が鳴る) dǎléi	☐ 开花 (花が咲く) kāihuā
	☐ 刮 风 (風が吹く) guā fēng	☐ 出 太阳 (日が出る) chū tàiyáng

下雨了。（雨が降ってきた。）
Xià yǔ le.

开花了。（花が咲いた。）
Kāihuā le.

我 给 你们 照相。
Wǒ gěi nǐmen zhàoxiàng.

♠ 三人は八達嶺に着きました。万里の長城を登るにはまずは入場券を買う必要があります。

李明： 我 把 门票 都 买好 了。
　　　 Wǒ bǎ ménpiào dōu mǎihǎo le.

石井： 谢谢。 我们 进去 吧。
　　　 Xièxie. Wǒmen jìnqu ba.

麦克： 啊， 我们 爬到 最高点 了。
　　　 À, wǒmen pádào zuìgāodiǎn le.

石井： 这儿 风景 真 不错！
　　　 Zhèr fēngjǐng zhēn búcuò!

李明： 我 给 你们 照相 吧。 一、二、三，… 茄子！
　　　 Wǒ gěi nǐmen zhàoxiàng ba. Yī、 èr、 sān, … qiézi!

麦克： 糟糕， 要 下 雨 了！
　　　 Zāogāo, yào xià yǔ le.

李明： 我们 没 带 雨伞 来， 怎么 办？
　　　 Wǒmen méi dài yǔsǎn lai, zěnme bàn?

石井： 快 下去 吧。
　　　 Kuài xiàqu ba.

北京通信 ❼　　　　　　　　　　　　　　　　　万里の長城

　秦の始皇帝の時代に建築が始まったといわれる世界最大の城壁、万里の長城─北京の市街地にもほど近い八達嶺は観光客でいつもにぎわっている。遥かな山々の上を、どこまでもうねるように伸びていく城壁は壮観だ。北京近郊には、あえて修築を行わずに保存されている蟠龍山長城など、長城を見られるポイントが他にも幾つかある。河北省と遼寧省の境の海岸にある山海関まで足を伸ばすのもいい。ここは長城の東の起点である。西の彼方の終点、甘粛省の嘉峪関まで約2700キロ。長城マスターを目指して歩いてみるのもまた一興だろう。

ポイント 第14课

1 主述述語文 ——［主語＋〈主語＋述語〉］

北京秋天很漂亮。　　Běijīng qiūtiān hěn piàoliang.
东京交通非常方便。　Dōngjīng jiāotōng fēicháng fāngbiàn.
我们班学生不太多。　Wǒmen bān xuésheng bú tài duō.

練習 中国語で言ってみよう。

(1) 北京は冬が寒いです。
(2) あなたたちの学校は留学生が多いですか。

2 方向補語

1 単純方向補語（〜てくる／〜ていく） ——［動詞＋（目的語）＋来／去］

他不在学校，已经回**去**了。　Tā bú zài xuéxiào, yǐjīng huíqu le.
我今天没带钱包**来**。　　　　Wǒ jīntiān méi dài qiánbāo lai.

2 複合方向補語 ——［動詞＋複合方向補語］

	上 shàng （あがる）	下 xià （おりる）	进 jìn （はいる）	出 chū （でる）	回 huí （もどる）	过 guò （とおる）	起 qǐ （おきる）
来 lai （くる）	上来	下来	进来	出来	回来	过来	起来
去 qu （いく）	上去	下去	进去	出去	回去	过去	

他从车站走**出来**了。　　　　Tā cóng chēzhàn zǒuchulai le.
弟弟跑**回**家**去**了。　　　　　Dìdi pǎohui jiā qu le.
学生们都走**进**教室**去**了。　　Xuéshengmen dōu zǒujin jiàoshì qu le.

練習 中国語で言ってみよう。

(1) 買ってくる　　　(4) 傘を持っていく
(2) 入ってくる　　　(5) 歩いて降りていく
(3) 借りてくる　　　(6) 中国に帰っていく

POINT

MP3 126

3 "把" bǎ 構文 ──[把＋目的語＋動詞＋結果補語・方向補語・重ね型・了など]

目的語を動詞の前に移動し"把"でマークする。「それをどうするか」または
「それがどうなったか」を強調する表現。

我一定要**把**汉语**学好**。	Wǒ yídìng yào bǎ Hànyǔ xuéhǎo.	〈結果補語〉
你**把**那本书**带来**了吗？	Nǐ bǎ nà běn shū dàilai le ma?	〈方向補語〉
你**把**这件衣服**洗洗**吧。	Nǐ bǎ zhè jiàn yīfu xǐxi ba.	〈動詞の重ね型〉
我还没**把**作业**做完**。	Wǒ hái méi bǎ zuòyè zuòwán.	

＊目的語は特定のもの、動詞に結果補語・方向補語などが必要。
＊否定の場合は"不"や"没"を"把"の前に置く。

練習 日本語の意味になるように語句を並び替えてみよう。

(1) 名字 ／ 我 ／ 了 ／ 她的 ／ 写错 ／ 把　　（私は彼女の名前を書き間違えた。）
　　míngzi　　　　　　　xiěcuò

(2) 杂志 ／ 她 ／ 了 ／ 把 ／ 借来 ／ 那 本　（彼女はあの雑誌を借りてきた。）
　　zázhì　　　　　　 jièlai

(3) 把 ／ 我的 ／ 哥哥 ／ 了 ／ 骑走 ／ 自行车　（兄は私の自転車を乗っていった。）
　　　　　　　　　　　　 qízǒu　 zìxíngchē

4 "要～了" yào…le ／ "快要～了" kuàiyào…le ／ "就要～了" jiùyào…le（もうすぐ～する）

他**要**去中国留学**了**。	Tā yào qù Zhōngguó liúxué le.
春天**快要**到**了**。	Chūntiān kuàiyào dào le.
我姐姐明年**就要**结婚**了**。	Wǒ jiějie míngnián jiùyào jiéhūn le.

＊時間詞がある場合は「時間詞＋"就要～了"」
＊"快要～了"の前に、時間詞を置くことはできない。

練習 （　）中の語句を使って言ってみよう。

(1) 要（①下课　②考试）了。
　　Yào　 xiàkè　 kǎoshì　le.

(2) 她 快要（①来 日本　②回国）了。
　　Tā kuàiyào　 lái Rìběn　 huíguó　le.

119

トレーニング

1 音声を聞いて、読まれた順に 1〜4 の数字を空欄に書き入れなさい。　**MP3** 127
次に全ての単語を日本語だけを見て正確に発音できるように練習しましょう。

(1) 雨が降る（　　　）　　(2) 春（　　　）　　(3) 上がっていく（　　　）

雪が降る（　　　）　　　　夏（　　　）　　　　出てくる　　（　　　）

風が吹く（　　　）　　　　秋（　　　）　　　　戻っていく　（　　　）

花が咲く（　　　）　　　　冬（　　　）　　　　入ってくる　（　　　）

2 音声を聞いて空欄を埋め、さらに日本語に訳しなさい。　**MP3** 128

(1) 他们（　　　）（　　　）人（　　　）（　　　）了长城。

和　訳 ....

(2) 李明（　　　）（　　　）（　　　）门票（　　　）（　　　）了。

和　訳 ....

(3) 李明（　　　）长城（　　　）他们（　　　）（　　　）了。

和　訳 ....

3 ピンインを簡体字に直し、日本語に訳しなさい。

(1) Lǎoshī yǐjīng jìn jiàoshì qu le.

簡体字 ....

和　訳 ....

(2) Xīngqītiān wǒ bǎ yīfu dōu xǐ le.

簡体字 ....

和　訳 ....

(3) Dōngtiān kuàiyào dào le, wǒ kěyǐ qù huáxuě le!

簡体字 ....

和　訳 ....

120

第 14 课

4 日本語の意味になるように語句を並び替え、簡体字で書きなさい。

(1) 非常 / chāoshì / mǎi dōngxi / 这儿 / fāngbiàn / 多 / 很

（ここはスーパーが多く、買い物がとても便利だ。）

(2) 房间里 / jìn / yào / 下雨 / qu / 吧 / 了

（雨が降りそうだ。部屋の中に入りましょう。）

(3) 资料 / dōu / 我们 / zhǔnbèihǎo / 了 / bǎ

（私たちは資料を全部ちゃんと用意しました。）

5 日文中訳

(1) 北京は冬が寒い、東京は？　——東京は冬があまり寒くないです。

----

(2) 夏がもうすぐ来ます。一緒に沖縄（沖绳 Chōngshéng）へ遊びに行きませんか。

----

(3) あなたの部屋をちょっと掃除してください。（"把" 構文を使う）

121

第 15 课
Dì shíwǔ kè

まず覚えよう

MP3 129

病気

- 感冒（風邪を引く）
  gǎnmào
- 头疼（頭が痛い）
  tóuténg
- 肚子 疼（腹が痛い）
  dùzi téng
- 吃 药（薬を飲む）
  chī yào
- 看病（診察する、診察を受ける）
  kànbìng

- 发烧（熱が出る）
  fāshāo
- 咳嗽（咳が出る）
  késou
- 不 舒服（気分が悪い）
  bù shūfu
- 打针（注射する）
  dǎzhēn

一言コーナー

我感冒了。（私は風邪を引いてしまった。）
Wǒ gǎnmào le.

我今天有点儿不舒服。（私は今日すこし気分が悪い。）
Wǒ jīntiān yǒudiǎnr bù shūfu.

你 哪儿 不 舒服？
Nǐ nǎr bù shūfu?

♠ 万里の長城で雨に濡れてしまった石井さんは具合が悪くなったので、病院に行きました。

医生： 你 哪儿 不 舒服？
yīshēng： Nǐ nǎr bù shūfu?

石井： 我 咳嗽得 很 厉害， 还 有点儿 发烧。
Wǒ késoude hěn lìhai, hái yǒudiǎnr fāshāo.

医生： 你 是 从 什么 时候 开始 发烧 的？
Nǐ shì cóng shénme shíhou kāishǐ fāshāo de?

石井： 从 昨天 晚上 开始 的。
Cóng zuótiān wǎnshang kāishǐ de.

医生： 让 我 检查 一下。
Ràng wǒ jiǎnchá yíxià.

石井： 大夫， 我 明天 可以 去 上课 吗？
Dàifu, wǒ míngtiān kěyǐ qù shàngkè ma?

医生： 不行， 你 要 好好儿 休息。
Bùxíng, nǐ yào hǎohāor xiūxi.

ポイント 第15課

1 "是～的"構文 —— [(是)＋時間・場所・方法など＋動詞＋的(＋目的語)]

MP3 131

すでに発生したことの時間・場所・方法などを強調する表現。

你**是**什么时候去**的**中国？　Nǐ shì shénme shíhou qù de Zhōngguó?

——我**是**去年去**的**。　　　——Wǒ shì qùnián qù de.

你在哪儿买**的**？　　　　　Nǐ zài nǎr mǎi de?

——在北京买**的**。　　　　　—Zài Běijīng mǎi de.

我**不是**坐电车来**的**，**是**骑自行车来**的**。
Wǒ bú shì zuò diànchē lái de, shì qí zìxíngchē lái de.

> **練習** 中国語で言ってみよう。
>
> (1) 彼はいつ中国に来たのですか。
>
> (2) 私は今日自転車で来たのではなく、歩いて来ました。

2 "一点儿" yìdiǎnr と "有点儿" yǒudiǎnr (すこし)

● 一点儿 —— [形容詞＋一点儿]

这个比那个贵**一点儿**。　　Zhège bǐ nàge guì yìdiǎnr.

他的病好**一点儿**了吗？　　Tā de bìng hǎo yìdiǎnr le ma?

● 有点儿 —— [有点儿＋形容詞・動詞]

这个**有点儿**贵，我不想买。　Zhège yǒudiǎnr guì, wǒ bù xiǎng mǎi.

我今天**有点儿**不舒服。　　Wǒ jīntiān yǒudiǎnr bù shūfu.

＊"有点儿"は好ましくないことに用いられることが多い。

> **練習** 空欄に"一点儿"と"有点儿"のいずれかを記入してみよう。
>
> (1) 今天的作业（　　　　）难。
>
> (2) 他比我高（　　　　）。　★高 gāo (背が高い)
>
> (3) 我（　　　　）头疼，想回家。

124

POINT

MP3 132

3 禁止の表現 "别" bié、"不要" búyào（〜しないでください）——動詞の前に置く

上课**别**迟到。 Shàngkè bié chídào.

不要在这儿照相。 Búyào zài zhèr zhàoxiàng.

你感冒了，今天**不要**去学校了。 Nǐ gǎnmào le, jīntiān búyào qù xuéxiào le.

練習 中国語で言ってみよう。

（1）テレビを見ないで、はやく寝なさい。

（2）明日の朝は寝坊（睡懒觉 shuì lǎnjiào）をしないでください。

4 使役の表現 "让" ràng（〜に〜させる、〜するようにいう）——［**让**＋人・もの＋動詞句］

老师**让**学生写报告。 Lǎoshī ràng xuésheng xiě bàogào.

医生**让**石井好好儿休息。 Yīshēng ràng Shíjǐng hǎohāor xiūxi.

爸爸**不让**弟弟去美国留学。 Bàba bú ràng dìdi qù Měiguó liúxué.

＊否定の場合 "不" や "没" を "让" の前に置く。

練習 日本語の意味に合うように語句を並び替えてみよう。

（1）超市 / 买 / 让 / 东西 / 妈妈 / 去 / 妹妹 　（母は妹にスーパーへ買物に行かせる。）

（2）看 / 让 / 看 / 我 / 一 　（私にちょっと見させてください。）

（3）我 / 爸爸 / 不 / 开车 / 让 　（父は私に車の運転をさせてくれない。）

125

トレーニング

1 音声を聞いて、読まれた順に1〜4の数字を空欄に書き入れなさい。　**MP3** 133
次に全ての単語を日本語だけを見て正確に発音できるように練習しましょう。

(1) 風邪を引く（　　　）　(2) 腹が痛い　　　（　　　）　(3) だめです（　　　）

　　 熱が出る　（　　　）　　　 気分が悪い　（　　　）　　　 ひどい　（　　　）

　　 頭が痛い　（　　　）　　　 診察を受ける（　　　）　　　 すこし　（　　　）

　　 咳が出る　（　　　）　　　 薬を飲む　　（　　　）　　　 はじまる（　　　）

2 音声を聞いて空欄1〜9を埋め、次に下線部㋐〜㋒を日本語に訳しなさい。　**MP3** 134

㋐ 石井从（1　　　　　　　）开始（2　　　　　　　）。她（3　　　　），（4　　　　　），

还（5　　　　　）发烧。㋑她今天来（6　　　　　　），医生给她（7　　　　　　）

了一下。石井很想（8　　　　　　），㋒不过，医生让她（9　　　　　　）休息。

和訳：

㋐ ....

㋑ ....

㋒ ....

第15課

3 日本語の意味になるように語句を並び替え、簡体字で書きなさい。

(1) 北京 / zài / de / 他们 / shì / 汉语 / xué

（彼らは北京で中国語を学んだのです。）

(2) 来 / 来 / diànchē / 吧 / kāichē / 星期天 / zuò / búyào

（日曜日は車で来ないで、電車で来てください。）

(3) 我们 / zǎoshang / 来学校 / 老师 / ràng / bā diǎn

（先生は私たちに朝8時に学校に来るように言いました。）

4 日文中訳

(1) ここはちょっと暑い、私は外に行きたい。

(2) 午後4時に学校の入口であなたを待っています。遅れないでね。

(3) 李明の妹はいつ東京に行ったのですか。 ――彼女は先月行ったのです。
   （"是～的"構文を使う）

127

第 16 课
Dì shíliù kè

まず覚えよう

MP3 135

休暇

- 放假（休みになる）
  fàngjià
- 放　寒假（冬休みになる）
  fàng hánjià
- 放　暑假（夏休みになる）
  fàng shǔjià
- 回　老家（故郷、実家に帰る）
  huí lǎojiā
- 旅游（旅行する）
  lǚyóu

- 换钱（両替する）
  huànqián
- 买　车票（乗車券を買う）
  mǎi chēpiào
- 订　机票（航空券を予約する）
  dìng jīpiào
- 订　房间（部屋を予約する）
  dìng fángjiān
- 办　护照（パスポートを作る）
  bàn hùzhào

要放寒假了。（もうすぐ冬休みになります。）
Yào fàng hánjià le.

请问，在哪儿换钱？（お尋ねしますが、どこで両替しますか。）
Qǐngwèn, zài nǎr huànqián?

一言コーナー

128

我们 真 有 缘分！
Wǒmen zhēn yǒu yuánfèn!

 136

♠ 李明が石井さんのお見舞いに来た時、石井さんはちょうど外出するところでした。

李明： 你 好 点儿 了 吗？ 打算 出去 吗？
　　　Nǐ hǎo diǎnr le ma? Dǎsuàn chūqu ma?

石井： 我 妹妹 的 同学 来 北京 了， 我 去 见 他。
　　　Wǒ mèimei de tóngxué lái Běijīng le, wǒ qù jiàn tā.

李明： 他 来 北京 做 什么？
　　　Tā lái Běijīng zuò shénme?

石井： 他 来 参加 机器人 比赛。
　　　Tā lái cānjiā jīqìrén bǐsài.

　　　 你 看， 这 是 他 的 照片。
　　　Nǐ kàn, zhè shì tā de zhàopiàn.

李明： 我 认识 他！ 他 是 我 妹妹 的 男朋友。
　　　Wǒ rènshi tā! Tā shì wǒ mèimei de nánpéngyou.

石井： 真 的?! 我们 真 有 缘分。
　　　Zhēn de?! Wǒmen zhēn yǒu yuánfèn.

ポイント 第16課

1. 前置詞のまとめ（一部動詞）

MP3 137

前置詞	意味	用例	課
比	〜より	我 妹妹 **比** 我 小 两 岁。 Wǒ mèimei bǐ wǒ xiǎo liǎng suì.	5
在	〜で	我 每天 **在** 图书馆 做 作业。 Wǒ měitiān zài túshūguǎn zuò zuòyè.	7
跟	〜と	我 星期天 **跟** 朋友 一起 去 看 电影。 Wǒ xīngqītiān gēn péngyou yìqǐ qù kàn diànyǐng.	8
从〜到…	〜から…まで	**从** 我 家 **到** 车站 要 十 分钟。 Cóng wǒ jiā dào chēzhàn yào shí fēnzhōng.	10
离	〜から／〜まで	学校 **离** 车站 不 太 远。 Xuéxiào lí chēzhàn bú tài yuǎn.	10
往	〜へ	在 第 二 个 十字 路口 **往** 右 拐。 Zài dì èr ge shízì lùkǒu wǎng yòu guǎi.	10
给	〜に	你 下课 以后 **给** 我 打 电话 吧。 Nǐ xiàkè yǐhòu gěi wǒ dǎ diànhuà ba.	11
	〜のために	爸爸 **给** 我 做 晚饭 了。 Bàba gěi wǒ zuò wǎnfàn le.	
对	〜に対して	我 **对** 中国 历史 感 兴趣。 Wǒ duì Zhōngguó lìshǐ gǎn xìngqù.	11
被	〜に〜される	她 的 钱包 **被** 偷 了。 Tā de qiánbāo bèi tōu le.	13
把	〜を〜する	我 一定 要 **把** 汉语 学好。 Wǒ yídìng yào bǎ Hànyǔ xuéhǎo.	14

動詞	意味	用例	課
让	〜に〜させる	老师 **让** 学生 写 报告。 Lǎoshī ràng xuéshēng xiě bàogào.	15

2. 助動詞のまとめ

MP3 138

助動詞	意味	用例	否定の場合	課
想	〜したい	我 **想** 喝 咖啡。 Wǒ xiǎng hē kāfēi.	不想	6
要	〜したい	我 **要** 去 美国 留学。 Wǒ yào qù Měiguó liúxué.	○不想 ×不要（〜するな）	8
	〜する必要がある	星期六 我 **要** 打 四 个 小时 工。 Xīngqīliù wǒ yào dǎ sì ge xiǎoshí gōng.	○不用　×不要	
	〜しようとする	**要** 下 雨 **了**，咱们 回 家 吧。 Yào xià yǔ le, zánmen huí jiā ba.		14
会	〜できる〈習得〉	我 **会** 开车。 Wǒ huì kāichē.	不会	9

130

能	〜できる〈条件〉	你 **能** 跟 我 一起 去 买 东西 吗？ Nǐ néng gēn wǒ yìqǐ qù mǎi dōngxi ma?	不能	9
	〜できる〈能力〉	我 **能** 游 五百 米。 Wǒ néng yóu wǔbǎi mǐ.		
可以	〜してもよい	请问，这儿 **可以** 照相 吗？ Qǐngwèn, zhèr kěyǐ zhàoxiàng ma?	不可以 / 不能	9
应该	〜すべきだ	你 **应该** 好好儿 学 汉语。 Nǐ yīnggāi hǎohāor xué Hànyǔ.	不应该	13
得	〜せねばならない	明天 上午 我 **得** 去 医院。 Míngtiān shàngwǔ wǒ děi qù yīyuàn.	不用	13

3. 補語のまとめ

MP3 139

補語	意味	用例	語順	課
時量補語	動作の 時間の長さを表す	我 学了 **六 年** 英语。 Wǒ xuéle liù nián Yīngyǔ.	動詞＋時量補語＋目的語	10
動量補語	動作の 回数を表す	我 爸爸 去过 **一 次** 中国。 Wǒ bàba qùguo yí cì Zhōngguó.	動詞＋動量補語＋目的語	11
様態補語	動作の 様態を表す	他 说 汉语 说**得** 很 流利。 Tā shuō Hànyǔ shuōde hěn liúlì.	動詞＋得＋形容詞 など	11
結果補語	動作の 結果・状態を表す	今天 的 作业 我 都 做**完** 了。 Jīntiān de zuòyè wǒ dōu zuòwán le.	動詞＋結果補語	13
方向補語	動作の 進行方向を表す	老师 进 教室 **来** 了。 Lǎoshī jìn jiàoshì lai le.	動詞＋方向補語	14

4. 否定の"不"と"没(有)"

MP3 140

ケース	意味（否定の場合）	用例	注意点
"是"	〜ではない	他 **不 是** 日本人。 Tā bú shì Rìběnrén.	×没是
"有"	〜をもっていない	我 **没有** 电子 词典。 Wǒ méiyǒu diànzǐ cídiǎn.	×不有
	〜いない	教室 里 **没有** 人。 Jiàoshì li méiyǒu rén.	
一般動詞	〜しない	他 今天 **不** 来 学校。 Tā jīntiān bù lái xuéxiào.	"没"との違いに注意
動詞＋"了"	〜しなかった	他 今天 **没(有)** 来 学校。 Tā jīntiān méi(yǒu) lái xuéxiào.	"了"をとる ×不〜了
	〜していない	他 还 **没(有)** 睡觉。 Tā hái méi(yǒu) shuìjiào.	
動詞＋"过"	〜したことがない	我 **没(有)** 去**过** 中国。 Wǒ méi(yǒu) qùguo Zhōngguó.	"过"が残る　×不〜过

トレーニング

1 音声を聞いて、読まれた順に1〜4の数字を空欄に書き入れなさい。　MP3 141
次に全ての単語を日本語だけを見て正確に発音できるように練習しましょう。

(1) 旅行する　　　　（　）(2) 乗車券を買う　　　（　）(3) 彼に会う　　　　（　）
　　両替する　　　　（　）　　航空券を予約する（　）　　彼をさがす　　　（　）
　　パスポートを作る（　）　　部屋を予約する　（　）　　彼に知らせる　　（　）
　　休みになる　　　（　）　　縁がある　　　　（　）　　彼を知っている　（　）

2 音声を聞いて空欄を埋め、次に否定文にしなさい。　MP3 142

例　我（　要　）喝日本茶。　　否定文　我不想喝日本茶。

(1) 明天你（　　　）给他打电话。　_____
(2) 在这儿（　　　）吃东西。　　　_____
(3) 李老师昨天来学校（　　　）。　_____
(4) 我见（　　　）石井的妹妹。　　_____

3 ピンインを簡体字に直し、日本語に訳しなさい。

(1) Tā xià ge yuè lái cānjiā zúqiú bǐsài.

　　簡体字 _____
　　和　訳 _____

(2) Wǒ dǎsuàn qù chēzhàn jiàn yí ge tóngxué.

　　簡体字 _____
　　和　訳 _____

(3) Wǒ rènshi nǐ jiějie, Wǒmen zhēn yǒu yuánfèn!

　　簡体字 _____
　　和　訳 _____

第16課

4 下の囲みから適切な前置詞または動詞を選び、簡体字で空欄に記入しなさい。

(1) 车站（　　　）这儿不远。

(2) 他（　　　）麦克去上海了。

(3) 学生们（　　　）教室上课。

(4) 我想（　　　）朋友买礼物。

(5) 他（　　　）汉语不太感兴趣。

(6) 今天（　　　）昨天冷一点儿。

(7) 爸爸不（　　　）我骑摩托车。

(8) 我的自行车（　　　）偷了。

(9) 妈妈已经（　　　）晚饭做好了。

(10) 今天（　　　）五点（　　　）十点打工。

> zài ／ lí ／ bèi ／ gěi ／ cóng ／ bǐ ／ dào ／ bǎ ／ ràng ／ gēn ／ duì

5 日文中訳

(1) もうすぐ冬休みになります。私は中国へ旅行に行きたいです。

(2) 私はすでに航空券を予約しておき（订好 dìnghǎo）ました。（"把"構文を使う）

(3) お尋ねしますが、ここで両替できますか。

133

総復習 II ▶第8課～第16課

1 左の中国語と声調の組み合わせが異なるものを①～④から一つ選びなさい。

(1) 发烧　　　① 周末　　② 应该　　③ 刮风　　④ 飞机

(2) 照相　　　① 动漫　　② 兴趣　　③ 看病　　④ 音乐

(3) 迟到　　　① 熬夜　　② 篮球　　③ 门票　　④ 不错

(4) 跑步　　　① 感冒　　② 写字　　③ 点名　　④ 考试

(5) 上网　　　① 换钱　　② 汉语　　③ 下雨　　④ 跳舞

2 空欄を埋めるのに最も適切なものを①～④から一つ選び、文を完成しなさい。

(1) 我们今天是坐大巴来（　　　　）。

　　　① 了　　② 的　　③ 过　　④ 着

(2) 车站（　　　　）我家不远，可以走着去。

　　　① 从　　② 到　　③ 离　　④ 往

(3) 石井（　　　　）汉语和中国历史很感兴趣。

　　　① 对　　② 给　　③ 跟　　④ 比

(4) 电影里的汉语你能听（　　　　）吗？

　　　① 完　　② 到　　③ 懂　　④ 错

(5) 上课的时候（　　　　）用手机。

　　　① 快要　　② 不用　　③ 不行　　④ 不要

(6) 他能唱这个动画片的主题歌，唱（　　　　）非常好。

　　　① 得　　② 能　　③ 的　　④ 别

(7) 弟弟已经（　　　　）暑假的作业都做完了。

　　　① 让　　② 被　　③ 吧　　④ 把

(8) 麦克在北京学了（　　　　）汉语？

　　　① 什么时候　　② 多长时间　　③ 怎么样　　④ 为什么

134

3 日本語の意味になるように語句を並び替え、簡体字で書きなさい。

(1) 我家 / 了 / gēn / 我 / wánr / 朋友 / zài / yóuxì

（私は友人と私の家でゲームで遊んだ。）

(2) 弟弟 / 我 / 爸爸 / huáxuě / jiāo / ràng

（父は私に弟にスキーを教えさせる。）

(3) 工 / xiǎoshí / 打 / yào / xīngqītiān / 个 / liù / 我

（私は日曜日に6時間バイトをしなければならない。）

(4) T恤 / jiàn / 麦克 / chuānzhe / 漂亮的 / yí

（マイクは一枚のきれいなTシャツを着ている。）

(5) 你的 / xiěcuò / 了 / bǎ / 妈妈 / diànhuà hàomǎ

（母はあなたの電話番号を書き間違えた。）

4 音声を聞いて、空欄1～10を埋めなさい。　MP3 143

　　　石井和麦克经常一起（1　　　　　）。麦克（2　　　　　）日本动漫，

他（3　　　　　）动画片的主题歌，唱得（4　　　　　）。石井还（5　　　　　）一个

中国朋友，他叫李明。李明（6　　　　　　），他对日本文化（7　　　　　　）。

　　　上个周末他们三个人去（8　　　　　）了。他们是（9　　　　　）去的。长

城风景很好，他们在那儿（10　　　　　）非常开心。　★开心 kāixīn（楽しい）

135

5 日本語を参考に中国語の誤りを直しなさい。

(1) 他昨天不看足球比赛了。

(彼は昨日サッカーの試合を見なかった。) (第8課)

(2) 我要喝水，不要喝茶。

(私は水を飲みたい、お茶を飲みたくない。) (第8課)

(3) 他会游泳，会游五百米。

(彼は泳げる。500メートルを泳げる。) (第9課)

(4) 我在图书馆一个小时汉语学了。

(私は図書館で一時間中国語を勉強した。) (第10課)

(5) 我们从星期一离星期五考试。

(私たちは月曜日から金曜日まで試験だ。) (第10課)

(6) 石井唱中国歌得很好。

(石井さんは中国の歌を歌うのが上手だ。) (第11課)

(7) 我还不去过上海。

(私はまだ上海に行ったことがない。) (第11課)

(8) 今天晚上你对老师打电话吧。

(今晩あなたは先生に電話してください。) (第11課)

(9) 老师走进来教室了。

(先生は教室に歩いて入ってきた。) (第14課)

(10) 那本书你看完吗？

(あの本をあなたは読み終えましたか。) (第13課)

6 次の文章を読み、問１〜問３に答えなさい。

　　我是日本留学生，现在（　1　）北京的一所大学学汉语。我是去年九月来的，已经学了三个月了。来北京以后我的汉语进步得很快，已经（　2　）听懂老师的课，能一个人去玩儿了。

　　我每天七点起床，吃完早饭以后去上课。下课后一般去图书馆看看书，做做作业，有时候（　3　）同学们一起去打打篮球。我每天都过得很充实，不过有时候有点儿想家。

　　我还要在北京学半年。回日本以前，我一定要（　4　）汉语学好。

所 suǒ（学校などを数える量詞）、以后 yǐhòu（〜の後）、后 hòu（〜した後）、进步 jìnbù（上達する）、一个人 yígerén（ひとりで）、一般 yìbān（普段）有时候 yǒu shíhou（時には）、过 guò（過ごす）、充实 chōngshí（充実している）、想家 xiǎngjiā（ホームシックになる）、以前 yǐqián（〜の前）、一定 yídìng（必ず）

問1　空欄１〜４を埋めるのに最も適切なものはどれか、①〜④から一つ選びなさい。

(1) ① 有　　② 在　　③ 是　　④ 从
(2) ① 会　　② 没　　③ 不　　④ 能
(3) ① 比　　② 跟　　③ 离　　④ 给
(4) ① 被　　② 想　　③ 把　　④ 对

問2　下線部の日本語として最も適切なものは次のどれか、選びなさい。

(1) 日本に帰るまでに中国語の勉強を終わらせたいと思います。　　〔　　　〕
(2) 日本に帰ってからも必ず中国語の勉強を続けたいと思います。　　〔　　　〕
(3) 日本に帰るまでに必ず中国語をマスターしたいと思います。　　〔　　　〕

問3　本文の内容と一致するものは次のどれか、選びなさい。

(1) 我在北京学了九个月汉语。　　〔　　　〕
(2) 我的汉语比来北京以前有了很大的进步。　　〔　　　〕
(3) 我每天去图书馆做作业，去打篮球。　　〔　　　〕

137

単語索引

各課の新出単語をアルファベット順に配列した。数字は課を表す。総Ⅰは総復習Ⅰ、総Ⅱは総復習Ⅱを表す。同一単語で品詞、意味が異なる場合のみ品詞と意味を記した。（動）＝動詞、（形）＝形容詞、（代）＝代名詞、（副）＝副詞、（前）＝前置詞、（量）＝量詞、（方補）＝方向補語、（結補）＝結果補語、（様補）＝様態補語、（助動）＝助動詞、（助）＝助詞、（接）＝接続詞

A		
a	啊	9
áoyè	熬夜	13

B		
ba	吧	3
bā	八	4
bǎ	把	14
bàba	爸爸	3
bǎi	百	5
bān	班	5
bàn	半	6
bàn	办	16
bàngqiú	棒球	9
bāo	包	13
bàogào	报告	8
bēi	杯	7
Běijīng	北京	5
bèi	被	13
běn	本	5
bǐ	笔	3
bǐ	比	5
bǐjìběn	笔记本	3
bǐjiào	比较	4
bǐsàbǐng	比萨饼	7
bǐsài	比赛	11
biàn	遍	11
biànlìdiàn	便利店	2
bìng	病	15
bié	别	15
bù	不	1
bù hǎochī	不好吃	12
bù shūfu	不舒服	15
bùxíng	不行	15
búcuò	不错	5
búguò	不过	5
bú tài	不太	4
bú xiè	不谢	1

búyào	不要	15
búyòng	不用	8

C		
cài	菜	6
càidān	菜单	7
cānjiā	参加	16
cāntīng	餐厅	7
chá	茶	1
chá	查	13
chà	差	6
Chángchéng	长城	12
chàng	唱	9
chāoshì	超市	7
chǎofàn	炒饭	12
chēpiào	车票	16
chēzhàn	车站	7
chī	吃	2
chī yào	吃药	15
chídào	迟到	13
Chōngshéng	冲绳	14
chōngshí	充实	総Ⅱ
chū	出	14
chūqu	出去	12
chū tàiyáng	出 太阳	14
chūzūchē	出租车	12
chuān	穿	12
chuán	船	12
chūntiān	春天	14
cídiǎn	词典	3
cì	次	11
cóng	从	10
cuò	～错（結補）	13

D		
dǎ	打	9
dǎ diànhuà	打电话	11
dǎgōng	打工	8

139

dǎléi	打雷	14
dǎsǎo	打扫	8
dǎsuàn	打算	16
dǎzhēn	打针	15
dà	大	4
dàbā	大巴	12
dàxué	大学	7
dàxuéshēng	大学生	1
dài	带	10
dàifu	大夫	15
dàngāo	蛋糕	12
dāngrán	当然	13
dào	到（動）	10
dào	到（前）	10
dào	～到（結補）	13
de	的	3
de	得（様補）	11
Déguórén	德国人	1
děi	得（助動）	13
děng	等	12
dì	第	10
dìdi	弟弟	4
dìtiě	地铁	12
diǎn	点	6
diǎnmíng	点名	13
diǎnr	点儿	16
diǎnxin	点心	3
diànchē	电车	12
diànhuà	电话	11
diànnǎo	电脑	3
diànshì	电视	2
diànyǐng	电影	7
diànyǐngyuàn	电影院	7
diànzǐcídiǎn	电子词典	16
dìng	订	16
Dōngjīng	东京	5
dōngtiān	冬天	14
dōngxi	东西	2
dǒng	～懂	13
dònghuàpiàn	动画片	9
dòngmàn	动漫	9
dōu	都	3
dùzi	肚子	15
duǎnxìn	短信	11

duì	对（前）	11
duìbuqǐ	对不起	1
duìmiàn	对面	7
duō	多	1
duō cháng shíjiān	多长时间	10
duō dà	多大	4
duōshao	多少	5
duōshao qián	多少钱	5

E		
èr	二	4

F		
fā duǎnxìn	发短信	11
fāshāo	发烧	15
Fǎguó	法国	2
Fǎguórén	法国人	1
Fǎyǔ	法语	10
fàn	饭	2
fāngbiàn	方便	14
fángjiān	房间	7
fàng	放	12
fàngjià	放假	16
fēicháng	非常	4
fēijī	飞机	12
fēn	分	6
fēnzhōng	分钟	10
fēngjǐng	风景	14
fúwùyuán	服务员	7
fùjìn	附近	7
fùqin	父亲	4

G		
gǎnlǎnqiú	橄榄球	9
gǎnmào	感冒	15
gǎn xìngqù	感兴趣	11
gāngqín	钢琴	9
gāo	高	15
gāo'ěrfūqiú	高尔夫球	9
gàosu	告诉	9
ge	个	5
gē	歌	9
gēge	哥哥	4

gěi	给（動）	9
gěi	给（前）	11
gēn	跟	8
gōngjiāochē	公交车	12
gōngsī	公司	3
gōngsī zhíyuán	公司职员	1
gōngyuán	公园	7
gōngzuò	工作	13
gǒu	狗	5
guā fēng	刮风	14
guǎi	拐	10
guānzhào	关照	1
guānglín	光临	5
guàng	逛	8
guì	贵	4
guìxìng	贵姓	1
guo	过（助）	11
guò	过（動）	14

H		
hái	还（まだ）	4
hái	还（さらに）	5
háishi	还是	12
Hánguórén	韩国人	1
hánjià	寒假	16
hànbǎobāo	汉堡包	12
Hànyǔ	汉语	2
hǎo	好（形）	4
hǎo	好（副）	9
hǎo	～好（結補）	13
hǎochī	好吃	12
hǎohāor	好好儿	15
hǎohē	好喝	12
hào	号	6
hàomǎ	号码	9
hē	喝	1
hé	和	5
hěn	很	4
hóngchá	红茶	2
hòu	后	総II
hòubian	后边	7
hòunián	后年	8
hòutiān	后天	6
hùshi	护士	1

hùzhào	护照	16
huábīng	滑冰	9
huáxuě	滑雪	9
huà	画	11
huàr	画儿	11
huài	～坏	13
huānyíng	欢迎	5
huán	还	13
huánjìng wèntí	环境问题	11
huànqián	换钱	16
huí	回	14
huíjiā	回家	6
huì	会	9
huǒchē	火车	12

J		
jīchǎng	机场	7
jīpiào	机票	16
jīqìrén	机器人	16
jǐ	几	5
jǐ diǎn	几点	6
jǐ hào	几号	6
jǐ suì	几岁	4
jǐ yuè	几月	6
jiā	家（名）	5
jiā	家（量）	7
jiǎnchá	检查	15
jiǎnféi	减肥	8
jiàn	件	5
jiàn	见	16
jiāo	教	9
jiāo péngyou	交朋友	11
jiāotōng	交通	14
jiǎozi	饺子	12
jiào	叫	1
jiàoshì	教室	7
jiéhūn	结婚	14
jiějie	姐姐	3
jiěmèi	姐妹	4
jiè	借	13
jīnnián	今年	4
jīntiān	今天	4
jìn	近	10
jìn	进	14

141

jìnbù	进步	総II
jīngcháng	经常	総I
jiǔ	九	4
jiǔdiàn	酒店	7
jiù	就	10
jiùyào…le	就要…了	14

K		
kāfēi	咖啡	2
kǎlā OK	卡拉 OK	11
kāichē	开车	9
kāihuā	开花	14
kāishǐ	开始	15
kāixīn	开心	総II
kàn	看	2
kànbìng	看病	15
kǎoshì	考试	10
késou	咳嗽	15
kělè	可乐	7
kěyǐ	可以	9
kè	课	8
kè	刻	6
kèběn	课本	3
kǒu	口	5
kuài	快（形）	11
kuài	快（副）	14
kuài	块	5
kuàiyào…le	快要…了	14
kuàizi	筷子	5

L		
lai	来（方補）	14
lái	来	2
lánqiú	篮球	9
lǎobǎn	老板	5
lǎojiā	老家	16
lǎolao	姥姥	4
lǎoshī	老师	1
lǎoye	姥爷	4
le	了	8
lěiqiú	垒球	9
lěng	冷	4
li	里	7

lí	离	10
lǐbian	里边	7
lǐwù	礼物	9
lìhai	厉害	9
lìshǐ	历史	11
liángkuai	凉快	4
liǎng	两	5
liàng	辆	5
líng	零	4
liúlì	流利	11
liúxué	留学	6
liúxuéshēng	留学生	1
liù	六	4
lùkǒu	路口	10
lǚyóu	旅游	11

M		
ma	吗	1
māma	妈妈	4
mǎi	买	2
màn	慢	11
mànhuà	漫画	5
máng	忙	4
māo	猫	5
máoyī	毛衣	5
méi guānxi	没关系	1
méi wèntí	没问题	6
méiyǒu	没有（もっていない）	4
méiyǒu	没有（ほどではない）	5
méiyǒu	没有（存在しない）	7
méiyǒu	没有（していない）	8
Měiguórén	美国人	1
měitiān	每天	12
Měiyuán	美元	5
mèimei	妹妹	4
ménkǒu	门口	12
ménpiào	门票	14
mǐ	米	9
miànbāo	面包	2
míngnián	明年	8
míngpái	名牌	8
míngtiān	明天	6
míngzi	名字	1
mótuōchē	摩托车	12

mǔqin	母亲	4

N

nǎ	哪	3
nǎge	哪个	3
nǎguórén	哪国人	1
nǎli	哪里	7
nǎr	哪儿	2
nǎxiē	哪些	3
nà	那（代）	3
nà	那（接）	6
nàge	那个	3
nàli	那里	7
nàr	那儿	7
nàxiē	那些	3
nǎinai	奶奶	4
nán	难	4
nánpéngyou	男朋友	4
ne	呢（助 省略疑問文）	2
ne	呢（助 進行形）	9
néng	能	9
nǐ	你	1
nǐmen	你们	1
nǐ hǎo	你好	1
nián	年	6
niánjì	年纪	4
nín	您	1
nòng	弄	13
nǚpéngyou	女朋友	4
nuǎnhuo	暖和	4

P

pá	爬	12
páiqiú	排球	9
pángbiān	旁边	7
pǎo	跑	11
pǎobù	跑步	8
péngyou	朋友	3
pīpíng	批评	13
piányi	便宜	4
piào	票	5
piàoliang	漂亮	4
pīngpāngqiú	乒乓球	9

píngguǒ	苹果	5

Q

qī	七	4
qí	骑	12
qǐ	起	13
qǐchuáng	起床	6
qìchē	汽车	5
qiān	千	5
qiánbāo	钱包	3
qiánbian	前边	7
qiánnián	前年	8
qiántiān	前天	8
qiézi	茄子	14
qǐng	请	1
qǐng duō guānzhào	请多关照	1
qǐngkè	请客	6
qǐngwèn	请问	5
qiūtiān	秋天	14
qu	去（方補）	14
qù	去	2
qùnián	去年	8

R

ràng	让	15
rè	热	4
rén	人	5
Rénmínbì	人民币	5
rènshi	认识	16
rì	日	6
Rìběn	日本	2
Rìběnrén	日本人	1
Rìyǔ	日语	9
Rìyuán	日元	5
róngyì	容易	4
róudào	柔道	9

S

sān	三	4
sānmíngzhì	三明治	12
shàng	上	8
shāngdiàn	商店	8
shàngbian	上边	7

shàng(ge) xīngqī	上（个）星期	8
shàngge yuè	上个月	8
Shànghǎi	上海	9
shàngkè	上课	6
shàngwǎng	上网	8
shàngwǔ	上午	6
shǎo	少	4
shéi	谁	2
shénme	什么	1
shénme shíhou	什么时候	6
shēngrì	生日	6
shí	十	4
shítáng	食堂	2
shíyàn	实验	13
shízì lùkǒu	十字路口	10
shì	是	1
shì … de	是…的	15
shǒubiǎo	手表	3
shǒujī	手机	3
shǒuqiú	手球	9
shòusī	寿司	12
shū	书	2
shūbāo	书包	3
shūfu	舒服	15
shǔjià	暑假	16
shuāng	双	5
shuǐ	水	5
shuì	睡	13
shuìjiào	睡觉	6
shuì lǎnjiào	睡懒觉	13
shuō	说	9
sì	四	4
suì	岁	4
suìshu	岁数	4
suǒ	所	総 II

T		
T xù	T恤	5
tā	他	1
tā	她	1
tā	它	9
tāmen	他们	1
tāmen	她们	1
tái	台	5

tài … le	太…了	5
tàijíquán	太极拳	9
tàiyáng	太阳	14
tán	弹	9
téng	疼	15
tī	踢	9
tǐcāo	体操	9
tiān	天	10
tiàowǔ	跳舞	11
tīng	听	9
tóngxué	同学	3
tōu	偷	13
tóuténg	头疼	15
túshūguǎn	图书馆	2

W		
wàibian	外边	7
wán	～完	13
wánr	玩儿	8
wǎnfàn	晚饭	6
wǎnshang	晚上	6
wǎng	往	10
wǎngqiú	网球	9
wèi shénme	为什么	10
wénhuà	文化	11
wèn	问	9
wèntí	问题	9
wǒ	我	1
wǒmen	我们	1
wǔ	五	4
wǔfàn	午饭	6

X		
xǐ	洗	8
xǐhuan	喜欢	9
xǐshǒujiān	洗手间	7
xǐzǎo	洗澡	6
xià xuě	下雪	14
xià yǔ	下雨	14
xià(ge) xīngqī	下（个）星期	8
xiàbian	下边	7
xiàge yuè	下个月	8
xiàkè	下课	6
xiàtiān	夏天	8

144

xiàwǔ	下午	6	
xiān	先	13	
xiànzài	现在	6	
xiǎng	想	6	
xiǎngjiā	想家	総Ⅱ	
xiàngjī	相机	5	
xiàngpí	橡皮	3	
xiǎo	小	4	
xiǎoshí	小时	10	
xié	鞋	5	
xiě	写	8	
xièxie	谢谢	1	
xīngqī	星期	6	
xīngqī'èr	星期二	6	
xīngqījǐ	星期几	6	
xīngqīliù	星期六	6	
xīngqīrì	星期日	6	
xīngqīsān	星期三	6	
xīngqīsì	星期四	6	
xīngqītiān	星期天	6	
xīngqīwǔ	星期五	6	
xīngqīyī	星期一	6	
xìng	姓	1	
xiōngdì	兄弟	4	
xiūxi	休息	10	
xué	学	2	
xuésheng	学生	1	
xuéxiào	学校	2	

Y

yǎnjìng	眼镜	3	
yào	要（動）	5	
yào	要（助動）	8	
yào	药	15	
yào … le	要…了	14	
yéye	爷爷	4	
yě	也	2	
yī	一	4	
yīfu	衣服	4	
yīshēng	医生	1	
yīyuàn	医院	16	
yídìng	一定	14	
yíxià	一下	15	
yǐhòu	以后	16	

yǐjīng	已经	8	
yǐqián	以前	総Ⅱ	
yǐzi	椅子	12	
yìbān	一般	総Ⅱ	
Yìdàlìcài	意大利菜	6	
Yìdàlìmiàn	意大利面	7	
yìdiǎnr	一点儿	15	
yídìng	一定	総Ⅱ	
yìqǐ	一起	3	
yìzhí	一直	10	
yīnwèi	因为	10	
yīnyuè	音乐	9	
yínháng	银行	7	
yǐnliào	饮料	2	
yīnggāi	应该	13	
Yīngguórén	英国人	1	
Yīngwén	英文	9	
Yīngyǔ	英语	2	
yòng	用	9	
yóu	游	9	
yóujú	邮局	7	
yóuxì	游戏	8	
yóuyǒng	游泳	9	
yǒu	有（所有する）	4	
yǒu	有（存在する）	7	
yǒudiǎnr	有点儿	15	
yǒu shíhou	有时候	総Ⅱ	
yòu	右	10	
yòubian	右边	7	
yǔmáoqiú	羽毛球	9	
yǔsǎn	雨伞	3	
yuánfèn	缘分	16	
yuǎn	远	10	
yuè	月	6	

Z

zázhì	杂志	3	
zài	在（動）	7	
zài	在（前）	7	
zài	在（副）	9	
zài	再	11	
zàijiàn	再见	1	
zánmen	咱们	1	
zāogāo	糟糕	14	

145

zǎo	早（副）	12
zǎofàn	早饭	6
zǎoshang	早上	6
zěnme	怎么	10
zěnme bàn	怎么办	14
zěnmeyàng	怎么样	4
zhàn	站	12
zhāng	张	5
zhǎo	找	13
zhǎopiàn	照片	16
zhàoxiàng	照相	9
zhe	着	12
zhè	这	3
zhège	这个	3
zhè(ge) xīngqī	这（个）星期	8
zhège yuè	这个月	8
zhèli	这里	7
zhèr	这儿	7
zhèxiē	这些	3
zhēn	真	4
zhènghǎo	正好	10
zhī	只	5
Zhōngguórén	中国人	1
zhōngwǔ	中午	6
zhōumò	周末	12
zhǔtígē	主题歌	9
zhǔnbèi	准备	13
zhuōzi	桌子	5
zīliào	资料	13
zì	字	11
zìxíngchē	自行车	5
zǒu	走	10
zǒu	～走（結補）	13
zúqiú	足球	9
zuìgāodiǎn	最高点	14
zuótiān	昨天	8
zuǒbian	左边	7
zuò	做	2
zuò	坐	12
zuò fàn	做饭	2
zuòyè	作业	2

シンプルチャイニーズ 北京 文法篇

検印
省略

© 2018 年 4 月 1 日　第 1 版　発行
2025 年 1 月 31 日　第 8 刷　発行

著　者　　　　　　　　　早稲田大学理工学術院中国語部会

渋谷　裕子

陳　　愛玲

呂　　小燕

表紙・本文デザイン　　　　　　　小熊未央
発音編イラスト　　　　　　　　　渋谷　茜
本文編イラスト　　　　　　　　　吉川晴音

音声吹込　　　　　　　　　　　　凌慶成

李　洵

発行者　　　　　　　　　　原　　雅　久
発行所　　　　　　　　株式会社 朝 日 出 版 社
〒 101-0065　東京都千代田区西神田 3-3-5
電話 (03) 3239-0271・72 (直通)
振替口座　東京　00140-2-46008
組版　欧友社
印刷　TOPPANクロレ株式会社
http://www.asahipress.com

乱丁・落丁本はお取り替えいたします
ISBN978-4-255-45307-1 C1087

本書の一部あるいは全部を無断で複写複製 (撮影・デジタル化を含む)
及び転載することは、法律上で認められた場合を除き、禁じられています